Si en verdad hay alguien que se merece todas las dedicatorias y el respeto de mi parte, este es Manel Marquès, fiel y leal hasta su último suspiro. Honesto y buen amigo durante toda su vida, y un gran cocinero que lograba con cada producto un plato mágico y lleno de amor. Era mi hermano de cocina, de pensamiento y de vida.

Primera edición: septiembre de 2017

© Quim Marquès

Autor representado por Silvia Bastos, S.L. Agencia Literaria – www.silviabastos.com

© de la edición:
9 Grup Editorial
Lectio Ediciones
C/ Muntaner, 200, ático 8ª – 08036 Barcelona
Tel. 977 60 25 91 / 93 363 08 23
lectio@lectio.es
www.lectio.es

Diseño y composición: carlarossignoli.com

Fotografías: Laia Prats y Sergi Olivares

Impresión: Leitzaran Grafikak

ISBN: 978-84-16918-00-3

DL T 693-2017

Quim Marquès

Arroces

Orígenes, curiosidades y recetas

ediciones
Lectio

índice

Introducción

Introducción

Escuchando a Andrea Motis & Joan Chamorro Grup y pensando en quién me podría hacer el prólogo de este libro, decido escribirlo yo mismo. No por falta de amigos cocineros y gastrónomos, sino porque creo que está bien que yo mismo escriba cuatro lineas y aproveche para agradecer mi vida de relación con la cocina y todo lo que ella comporta: los mercados, los huertos, las lonjas de pescado...

Nací en un ambiente de cocina. Antepasados cocineros, algunos mejores, otros peores, locos y cuerdos, artistas y obreros.

Mi madre proviene de una familia apasionada por la cocina, por el buen vivir, por la importancia de los momentos vividos delante del plato, por la gastronomía, por los buenos vinos y por los grandes champanes.

Si me remonto a cuatro generaciones, me encuentro con mi familia francesa, siempre relacionada con la buena comida y el buen vivir. Todos artistas, cocineros, fotógrafos, pintores. Y los que no eligieron oficio, respiraban arte. Locura bien entendida, está claro. Para mí la locura es el estado de más sensatez que existe.

Toda la vida he oído decir que mi bisabuelo, gran cocinero, explicaba los grandes banquetes y gestas culinarias que llevaba a cabo en los restaurantes por los que pasó. Sin embargo también que, en su casa, se encerraba en la cocina a preparar sus platos y no permitía que nadie entrara.

Una vez jubilado, los domingos deleitaba a la familia con una gran comida.

A primera hora de la mañana, en su cocina, solo se oían sus tacos y sus insultos dedicados a quien fuera que entrase a buscar algo. Solo pedía ayuda cuando quería pasar la besamel por un trapo de lino para conseguir así que le quedara más fina. Era el único momento en que alguien podía entrar en su laboratorio.

Mi abuela Rosa le organizó una cocina para él en la trastienda de la lechería familiar, que después se convirtió en tienda de pesca salada y ultramarinos, situada en la calle Escudellers de Barcelona, y que tenia la vivienda encima. El abuelo Ton era tan famoso que de vez en cuando le pedían que cocinara para clientes muy especiales. Uno de ellos fue el cantante argentino Carlos Gardel, que suspiraba tanto por el fricandó de mi bisabuelo que, antes de llegar a Barcelona, ya avisaba que vendría y pedía sin excepción la posibilidad de degustar aquel delicioso plato sentado en un velador de la lechería. También pasaron por allí Nixon, famosos toreros de la época y muchos cantantes de ópera que actuaban en el Liceo.

Sus canelones, el *coq au vin*, el *chateaubriand*, las peras Bella Helena, los bizcochos elaborados en el momento, las pastas de té... estos eran sus menús del domingo. Sin embargo en realidad el plato que más le gustaba cocinar era el estofado de toro.

Era una persona enamorada de la cocina, que había nacido en Sant Pau d'Ordal y aprendió el oficio desde el regazo de sus tías y de su madre. Llegó a Barcelona an-

Calle Escudellers, años 60

dando, con 12 años y dos reales en el bolsillo, y sobrevivió con esto durante unos días, comiendo dos panecillos de Viena y bebiendo agua de la fuente de Canaletes. Hasta que encontró trabajo de ayudante de cocina en el Hotel Oriente, de las Ramblas de Barcelona. Ocho años más tarde ya era jefe de cocina. Con los años fue uno de los cocineros más reputados de Barcelona y dirigió hoteles como el antiguo Colón y el Ritz, y diferentes restaurantes como Le Glaciar o la Maison Dorée. En el año 1889 fue a París con motivo de la Exposición Universal y allí estuvo unos años trabajando con discípulos de Escoffier.

Escoffier, junto con Carême, Paul Bocuse y Ferran Adrià, representa uno de los cuatro pilares de la nueva manera de cocinar y de ver la gastronomía de alto nivel de los últimos doscientos años. Después de esa experiencia volvió a la ciudad condal, donde llegó a ser cocinero de Alfonso XIII cuando venía de visita a Barcelona.

La tienda de ultramarinos en la calle Escudellers

Me explicó mi abuela que, con motivo de un banquete de celebración que le habían encargado para el monarca, se pasó dos días encerrado en la cocina. Cuando salió del Hotel Colón de la plaza Cataluña, Rambla abajo hasta la calle Escudellers, iba descalzo. Su hija se lo hizo notar: estaba tan exhausto que ni siquiera se había dado cuenta.

Antoni Ferrer, que así se llamaba mi bisabuelo —*l'avi Ton* para la familia—, fue el gran precursor de nuestra pasión por la cocina. Malhumorado, soñador, trabajador, loco y creativo.

Mi abuela, que cocinaba como los ángeles, se empapó de su espíritu de superación. Sus manitas de cerdo con chocolate y ciruelas, la bullabesa, los canelones de asado y setas o sus pasteles de chocolate o la crema catalana eran una divinidad. Se llamaba Rosita Ferrer y Pouge —su segundo apellido ya huele a ave asada con toques franceses—. Era una mujer pequeña, de ojos claros y mirada melancólica, llena de curiosidad por la cultura y el mundo. Desde la cocina, mientras terminaba algún plato o removía la cazuela, siempre con su tono de voz elevado, me explicaba algún truco de cocina. "Quimet, para hacer una buena *beichamela*" —lo pronunciaba con un toque final afrancesado— "tienes que hacer un buen *roux*: 100 g de mantequilla de primera; las francesas son las mejores. La deshaces en un cazo y la remueves con cuchara de madera. A fuego lento, para que no se haga *noisette*. Añades 100 g de harina, blanca y bien tamizada. Lo remueves y dejas que se cocine a fuego lento lo que dura un padrenuestro. Y después añades la leche. No te olvides: leche fresca. Ponle una pizca de sal, un poco de pimienta blanca recién molida y una pizca de nuez moscada. Remueve a fuego lento y concentrado en el extremo de la cuchara. Y en 2 minutos ya la tendrás echa". Pensad que mi abuela, que vivía en Horta, dos meses antes de Navidad se iba a ver a un campesino para elegir la gallina con la que haría el caldo. Cuando había elegido le ponía un lazo de color rojo para distinguirla de las demás y le hacía el seguimiento hasta que, cuatro o cinco días antes de Navidad, le pedía al campesino que la matara y la desplumara.

Evidentemente esta herencia la recibió mi madre, que en su momento pudo cocinarnos a mis hermanas y a mí, y ahora a sus nietos. Recuerdo que, cuando volvía de la escuela, subía las escaleras de casa hasta el ático donde vivíamos y antes de llegar la nariz ya me decía qué había para comer. Las albóndigas con patatas y guisantes, el bacalao con patatas rasgadas y alioli sin ligar, las patatas al horno, los estofados de ternera o la boloñesa, que mi madre hace tosca y profunda.

Mi sopa preferida, sin embargo, era —además de la de Navidad— la de guisantes, con un ligero aroma de laurel y con trocitos de pan salteados en una sartén de hierro con una pizca de manteca de cerdo. El pollo con champán y cebolla tierna, la langosta a la americana —solo cuando celebrábamos alguna fiesta—, las pintadas asadas cuando estaba inspirada... La cocina ha sido siempre una cosa muy importante para mi familia.

Retrocediendo, mi padre conoció a mi madre en la pequeña trastienda de la calle Escudellers donde vivía y donde pasó la juventud junto a mi bisabuelo y a mis intensos tíos. Cualquier momento era bueno para una comida o una cena especial, entre cualquier fiesta. Además de música y vino, en su casa había buena comida, del calibre de unas lionesas con foie gras hechas en casa, de unas anchoas con pan con tomate o del famoso pollo Villeroy.

Mi padre, charcutero de formación, era un trabajador tenaz y apasionado que se fue empapando a través de mi bisabuelo, mi abuela, mis tíos y mi madre del amor por la cocina, para acabar siendo un buen cocinero, eficaz y con un don especial para los asados, los guisos y los arroces. Y no quiero olvidarme de María, la muchacha que aterrizó en casa con 14 años y que pasó toda su vida con nosotros. Tenía unas manos de oro para la cocina y una alegría vital que, junto con la alegría andaluza de mi tía Ana, la esposa de Noel, se contagiaba siempre. Las croquetas de bacalao que hacía eran increíbles y sus bocadillos de atún, pimiento, aceitunas y mayonesa, maravillosos. De mi tía Rosa recuerdo sus grandes banquetes navideños: guisos, langosta, canelones...

Mi tío Noel, hombre sabio en el disfrute de la vida, con *moustache* importante, una voz aguda con mucha personalidad y seis idiomas en su poder, incluido el esperanto, fue quien me enseñó a disfrutar de la buena mesa, de la buena comida y del buen vino, tanto aquí como en Francia. Tenía la sana costumbre de llevar en su coche dos botellas de Veuve Clicquot y dos de Châteauneuf-du-Pape. Vividor y fotógrafo, muchos fines de semana me cuidaba mientras mis padres trabajaban. Él vivía también en la calle Escudellers y era el fotógrafo oficial del primer travesti de Barcelona, el famoso Ocaña, el cual le abrió un camino que le permitió retratar a personajes como Lola Flores, la Chunga, Manolete o Luis Miguel Dominguín. Recuerdo aperitivos con Lola Flores en Los Caracoles o en el Amaya de la Rambla de Santa Mònica, y compartir barra con diferentes famosos de

La cocina de El Bulli en los años 80, con Ferran Adrià, José Andrés,
Xavi, Miquel Ristol, Abellán, Rafa e Isidre Soler, entre otros

la época. Noel tenía la habilidad de caer bien a todo el mundo. Y esto le abría todas las puertas. Durante una época él y su hermano Víctor trabajaron en el exterior del Hotel Cosmos, captando a los marineros americanos que desembarcaban en el puerto de Barcelona y subían por la Rambla buscando alivio y diversión después de meses en alta mar. Su trabajo era avisar a los comerciantes de la calle Escudellers para que abrieran sus negocios. Muchos de estos negocios eran barras americanas como el Torino, el California, el Tabú o el Charco de la Pava, que después fue el New York. También había restaurantes como el Grill Room, el Pitarra o Los Caracoles del Sr. Bofarull y el Agut d'Avignon del estimado Ramon Cabau. Ellos dos eran los personajes más carismáticos del barrio en aquella época. Destaco restaurantes y barras americanas, pero la calle Escudellers, en su momento, fue el Passeig de Gràcia de Ciutat Vella, donde había sastres, zapaterías y otros comercios que configuraban el eje central comercial de la ciudad de los años 50.

En resumen, en mi ADN tengo, por parte de madre, un mundo creativo, con algo de cultura, gastronomía y cocina. Y por parte de padre, tengo la constancia, el orgullo, la tenacidad y la coherencia. O sea, dos universos alejados y complementarios. Personalmente pienso que soy más loco que coherente, a pesar de que mi trayectoria y los años me han hecho trasladarme de un extremo al otro.

Durante mi juventud no tenía ningún interés por la cocina y lo expresaba a viva voz. Puesto que no servía para estudiar, en aquel momento se me consideraba tonto y disperso y esto me supuso tener que ponerme a trabajar con mi padre. Ahora, gracias al diagnóstico que le han echo a mi hija Olivia, sé que soy disléxico, como también lo han sido o lo son Da Vinci, Picasso, Jamie Oliver o Tarantino. Más adelante, a causa de nuestras diferencias y de mi juventud y rebeldía, hice de camarero en un restaurante de la plaza Molina de Barcelona. Por las tardes, me quedaba con el chef a preparar el postre y el dueño del restaurante, Robert Torn, me convenció de que me apuntara en la Escuela de Hostelería de Barcelona, cosa que siempre le agradeceré.

Aquella escuela fue para mí y para muchos que ahora son mis hermanos de cocina (Abellán, José Andrés, Arola, Pep Barberà, Toni Massanés, Miquel Ristol y muchos otros) el futuro y la felicidad. Nos sentimos implicados en el noble arte de la cocina, y todo gracias a Tomás González, primer chef de la escuela y un gran cocinero y maestro. Él nos motivó, nos enseñó la verdad, la dureza, el sufrimiento, el orgullo y la satisfacción de cocinar bien.

Al salir de la escuela, trabajé en diferentes cocinas: El Racó d'en Freixa, L'Entull de Roses, Els Pescadors de la plaza Prim, el Finisterre... y la Semana Santa del año siguiente empiezo a trabajar en El Bulli. Aquello fue para mí como para el que quiere ser torero y le dan la oportunidad de hacer cuatro pasos en la Maestranza de Sevilla teniendo a José Tomás como maestro. Fue una locura. No había visto nunca una vieira, ni un dátil de mar, ni siquiera un sencillo salmonete de roca, ni probado el caviar, ni olido una trufa. Mis vivencias en El Bulli, tanto profesionales como personales, fueron impresionantes. Sin embargo estas darían para otro libro.

Después pasé por Asturias, Ibiza, Bélgica, Francia... y aterricé en Barcelona a finales de los 80 para capitanear un barco precioso, el Nostromo, restaurante de referencia de la época, propiedad de 17 capitanes de la marina mercante y yo mismo. La cocina que hacía era actual y moderna y abrió una rendija plástica en la cocina de Barcelona. A mi lado, Mariano Gonzalvo, una eminencia de la cocina, riguroso y sabio.

Un par de años después llegué al Lola, un maravilloso restaurante con mala fortuna: la crisis del 92 nos destrozó. Estaba situado en una torre colonial en la confluencia de la calle Muntaner con la ronda General Mitre y era el sueño de Albert Alemany, propietario de una agencia de modelos. Él y el arquitecto Carles Ferrater estuvieron 5 años trabajando en el proyecto para construir uno de los restaurantes más *guapos* de la ciudad. Desgraciadamente su trayectoria fue muy corta.

Cuando el Lola desapareció, mi amigo de El Bulli Miquel Ristol me rescató para un proyecto nuevo que tenían en Viladecavalls. La familia Ristol se dedicaba a hacer banquetes de boda en un castillo cercano y decidieron abrir en el mismo pueblo otra sala, en el antiguo restaurante de la familia. Yo me hice cargo del castillo durante un año. Para mí fue de vital importancia trabajar junto a Miquel y coger experiencia en banquetes de lujo. Un año atrás este mismo castillo había sido el escenario de las bodas de Christian Escribà y de Juli Soler, con la responsabilidad gastronómica de El Bulli.

El Suquet de l'Almirall nació en la calle Almirante Aixada, número 15, en 1989, capitaneado por mis padres y mi hermana. Yo en aquellos momentos estaba trabajando en el Nostromo.

En el año 1994 mi padre me invitó a ayudarlo en este restaurante de la Barceloneta. Ya en pareja y con ganas de formar familia decidí apostar por la cordura y la estabilidad del negocio familiar. Viniendo de la alta gastronomía y del mundo de las estrellas, de las escuelas creativas y del universo de mi familia materna, de repente pasé al universo paterno: trabajo, responsabilidad, sufrimiento... ¡y arroces! ¡Qué vergüenza: paellas! Cuando tan solo hacía dos días que estaba haciendo risottos con carnaroli italiano, trufas, pichones de Bresse... ¡Dios mío!

Sin embargo poco a poco mi universo paterno me fue poniendo en mi lugar y entonces me enamoré del barrio, de la Barceloneta, de la cocina marinera. Y el arroz me empapó y me abrió mucho camino. Aquellos olores, aquel caldo de gambas, la sepia estofada, el olor sin olor del pescado fresco. Las langostas, los rodaballos, los salmonetes, los mejillones, las navajas, las gambas de la Barceloneta... Y empecé a cambiar mi sistema de trabajo, la metodología, las compras, los arroces y, por supuesto, la clientela. Y en 1995 nos trasladamos al actual local del Suquet, en el paseo Juan de Borbón, número 65.

Mi misión fue llevar a la gloria los arroces caldosos y secos. Me puse en el papel y lo disfruté. Tuve claro que un arroz no era cualquier cosa hecha de cualquier manera, que un arroz de barca tenía que hacer sentir el mar en la boca, que tenía que ser elegante, penetrante, dulce, salado... Tenía que conseguir esta elegancia con la manera de hacer el caldo, con la elección del arroz adecuado... Cada ingrediente tenía que ser perfecto. Había que ajustar los puntos de cocción, elegir los utensilios ideales, dejar reposar el plato hasta que el almidón se maridara con el caldo y que los ingredientes y el arroz se convirtiesen en pequeñas esponjas impregnadas de todo el amor que le había puesto al cocinarlo.

Cuando empecé con mi padre, pensaba que la cocina marinera era una cosa chabacana, hasta que me enamoré. De ella y de todo lo que me aportaba.

De este modo podía ejercitar mi locura a través de mi pasión y de mi ilusión por hacerlo cada día mejor. El Suquet ha sido mi medio de expresión en cuanto a la cocina durante estos últimos veinte años. Todo esto no hubiera sido posible sin Manel Marquès, mi hermano de cocina. Con él desarrollamos todos nuestros sueños, hicimos que el Suquet fuese un referente y construimos una gran familia, tanto de trabajadores como de clientes. Manel era tenaz, trabajador, honrado y, lo más importante, un gran cocinero, con sensibilidad y oficio. Lo considero el hermano que no tuve.

Recibir, dar, regalar trocitos de amor diarios, plato a plato. El arroz y la cocina marinera han sido, en estos últimos años, lo más enriquecedor para mí. Acompañado, claro está, de la mujer más importante de mi vida y la madre de mis hijos, Núria, gran madre y persona y con un don especial para la pastelería y la cocina del día a día. Y de mis tres hijos: Paula, gran gastrónoma, con una sensibilidad especial para el arte de la buena cocina, con un carácter abierto y social, viajera y soñadora; Olivia, más sensible e introvertida y con un don para la cocina que con el tiempo se irá desarrollando, amante de las cosas bien hechas, tenaz, coherente y perfeccionista; y Tomàs, que con diez años despierta su curiosidad por los platos que descubre día a día, buen compañero compartiendo mesa, alegre, vital y gran deportista. En los tres me veo reflejado. Les debo muchas cosas a los cuatro: la posibilidad de ser padre, de formar una familia y de disfrutar, y el gran honor de cocinar la cena familiar que hemos compartido cada noche durante estos años.

Detrás de un gran plato de arroz y de una cocina marinera de nivel se esconde un gran sufrimiento. Tanto del que ejerce de cocinero como de los que viven con él. El arroz me lo ha dado todo. Y me ha quitado algo. Como los fines de semana y algunas horas con mi familia. Sin embargo también gracias a él hemos vivido juntos, sin carencias, y me han podido acompañar por medio mundo cocinando, comiendo y disfrutando. Creo que hemos sido afortunados.

El arroz también me ha permitido conocer a personajes que decoran la vida, como Woody Allen, Lou Reed, Noa, José Saramago, Montalbán, Rubianes, Clinton, Mandela, Jean Paul Gaultier, el gran Jordi Estadella, Plácido Domingo, El Gran Wyoming, Pablo Carbonell, Toni Clapés, Sergi Belbel, Odón Elorza, Pasqual Maragall, Anthony Quinn, Pina Baus, Perico Pastor, Ibrahim Barashnikov y, hace pocos meses, Gwyneth Paltrow... Poetas, pintores, músicos, tenores, cocineros..., una maravilla. El arroz los ha hecho venir a casa y con muchos de ellos todavía conservo mucha amistad. Todos ellos, todos, locos. Locos por su trabajo, por un buen vino y por un buen plato de arroz.

Tengo que estar infinitamente agradecido a esta perla maravillosa. Con ella he satisfecho todas mis ilusiones y aspiraciones. Y con ella supongo que he hecho felices a mis clientes y a los que me rodean.

Espero haber sido un pequeño ejemplo pretendiendo que las cosas más pequeñas e insignificantes sean dignas.

A todos ellos y a las miles de personas que han pasado por el Suquet de l'Almirall les doy gracias infinitas por haberme hecho feliz y por ayudarme a encontrar explicaciones en mi vida profesional.

En resumen, mi vida es como un plato de arroz, formado por un buen caldo, coherente y loco, y acompañado de unos ingredientes maravillosos. En este caso yo he sido el arroz, la esponja que ha sabido absorber los jugos y los sabores de todo el mundo.

Quim Marquès

Origen del arroz

"Una cocina sin arroz es como una
mujer bonita a quien le falta un ojo"

Confucio

Origen del arroz

A menudo, para saber quiénes somos, conviene saber de dónde venimos. Con el arroz pasa lo mismo. Un ingrediente con más de 10.000 años de antigüedad se debe tratar con respeto y acompañarlo con los mejores productos que nos da nuestra tierra.

Los japoneses denominan al arroz *gohan*, que quiere decir 'comida completa'. En la India usan el término sánscrito *vrihik*, que significa 'semilla que da vida'. Esta terminología no es casual, puesto que muchos seres humanos dependen del arroz. Tenemos que pensar que es el alimento diario para más de la mitad de la población mundial.

Solo en el continente asiático, más de dos mil millones de personas basan el 70% de su dieta en este cereal y sus derivados. Además, supone la fuente de alimento con un crecimiento más rápido en África y es de gran importancia para un gran número de países que cuentan con pocos ingresos y un alto grado de déficit alimentario.

Es por eso que el arroz puede tener un papel importante en la erradicación del hambre en el mundo y proporcionar ingresos importantes generando puestos de trabajo. Esta *perla de agua*, como lo denominan en algunas zonas de Italia, es, pues, fundamental en muchas naciones del mundo donde se encuentra integrado en la cultura, costumbres, tradiciones o incluso en el paisaje.

Nacimiento en el sudeste asiático y viaje hacia China, India y Japón

El arroz y su origen mágico

Dicen que es común entre los chinos preguntar como saludo: "¿Has comido tu porción de arroz?" Si la respuesta es afirmativa, quiere decir que la persona está bien. Esto no significa que se trate de un alimento exclusivo de los asiáticos, pero sí que un tercio de la población mundial considera insustituible este cereal para sobrevivir.

Existe cierta controversia sobre el origen del arroz. Algunos historiadores consideran que el arroz es originario del Asia meridional porque crece silvestre en India, Indochina y China. Y, a pesar de que es cierto que en estas zonas muchas variedades se desarrollan espontáneamente desde épocas bien antiguas, hay especialistas que aseguran que el arroz se originó en África y que después se trasladó a Asia. Otros afirman que el cereal es nativo del sudeste asiático y que se cultiva desde hace más de 7.000 años, puesto que existen evidencias que demuestran su cultivo en el oriente de China y también en el norte de Tailandia.

En resumen, no se ha podido determinar la época en que apareció el arroz sobre la tierra ni cuánto tiempo el hombre tardó en domesticarlo. Todo es leyenda, puesto que no existe un documento escrito que señale su origen.

Fotos de la Cooperativa de Arroceros del Delta del Ebro. Siglo XIX

Las narraciones orales más antiguas describen el arroz como una divinidad hindú. Lo consideran un don del cielo que Dios entrega al hombre para mitigar el hambre. Sin embargo para poderlo conseguir los seres humanos se tienen que esforzar mucho en su cultivo: esta dificultad para obtener sus granos se interpreta como un justo castigo por las malas acciones cometidas por las personas o por sus actos inmorales.

La literatura china, por otro lado, considera el arroz su alimento básico desde el 3000 antes de Cristo, donde la siembra de este cereal era motivo de una gran ceremonia. Entre los testigos de la época hay quienes afirman que el emperador chino Chen-Nung, en 2700 aC, realizaba una ceremonia en la cual se sembraban cinco cereales: el trigo, el mijo, la soja, la melca y finalmente el arroz, que sembraba él personalmente, de forma que le daba una importancia mayor que a los otros cereales.

Y en el Japón hace más de dos mil años que, durante el ritual de ascenso al trono de los emperadores, el heredero, vestido con una túnica blanca de ceremonia y completamente solo, realiza la ofrenda de la primera cosecha de arroz a los dioses del cielo y de la tierra para pedir paz y prosperidad para su pueblo.

Sea cual sea su origen, el arroz emprendió su viaje hacia otros continentes por diferentes vías. Los libros mencionan que en Persia y Mesopotamia se conoció el arroz a través de los intercambios comerciales y diplomáticos del rey persa Darío con China e India, donde el cereal se usaba como moneda de cambio. También así, durante la expansión de China hacia Occidente llegó hasta Egipto y Siria.

Otoño en los arrozales del Delta

Viajando en el tiempo con el arroz y Alejandro Magno (356 aC – 323 aC)

Gran Alejandro Magno. ¡Cuánta carencia de afecto, de amor! ¡Cuánta carencia de comprensión! Con un padre tirano y seco, como tantos. A él le debemos muchas cosas. Por ejemplo, el ímpetu y salir de la oscuridad como lo hacen los espárragos blancos de Navarra. También el querer demostrar que tienes cabeza cuando todo el mundo, antes de valorártela, ya te la habían cortado. ¡Qué sufrimiento, qué amargura!

El que os escribe fue el jefe de cocina de las tropas de Alejandro Magno. Él decidió marchar a conquistar el mundo sobre Bucéfalo, su caballo negro, para evitar que le cortaran la cabeza que tanto quería enseñar. Como yo, miles de soldados marcharon a su lado para invadir tierras, para obligar a los pueblos a hacernos caso. Jefe de cocina de la tropa, tengo a mis órdenes 250 ayudantes. Algunos con experiencia, otros no. Sin embargo todos con muchas ganas. Ganas que Alejandro nos regala, con sus palabras, con sus acciones, con su coraje.

Hoy en día, a las ganas las llaman motivación. Alejandro, como otros grandes líderes, entendía que sus colaboradores tenían que estar motivados al cien por cien. Y actualmente esto pasa en muchas empresas, clubes de fútbol, restaurantes... Mucha gente me pregunta cómo se motivan los cocineros en un restaurante. Y, sobre todo, cómo se motivan los cocineros en un tres estrellas Michelin. ¿Cómo lo hacen? ¿Es fácil? ¿Es difícil? ¿Cómo se puede llegar a tanta perfección? El chef, el cocinero, el líder debe tener claro que sus colaboradores tienen que ser, ante todo, felices con lo que hacen. Y los aprendices tienen que ser humildes, y saber que son prolongaciones del chef. Con sus manos, con su nariz, con su alma, con humildad y solo pensando veinticuatro horas en el trabajo se puede conseguir lo que consiguen. Detrás hay los grandes obradores, los jefes de partida. Grandes cocineros. Todo funciona a través de la emoción y la motivación que el líder sea capaz de transmitir.

Alejandro, todos lo sabíamos, tenía alma de líder, de chef. Se preocupaba de todo y de todo el mundo. Y, sobre todo, quería ser grande. Avanzábamos conquistando tierras, pueblos, ciudades, países. Organizar la cocina para 30.000 soldados no era sencillo. Lo más práctico eran las grandes marmitas de estofado de ternera que trasladábamos en carros, fuéramos donde fuéramos. Teníamos un grupo de mataderos que sacrificaban a los animales y que los conservaban en carros aireados durante diez o doce días. Comíamos lo que encontrábamos: bueyes, vacas, caza...

De primero lo habitual eran la gachas con algún condimento. A veces eran plato único. Según por donde viajábamos las enriquecíamos con cereales. Cada pueblo nos enseñaba alguna especie propia de la tierra que habíamos invadido. El comino, la cúrcuma de los babilonios, las pimientas de todo tipo, los pimientos picantes y dulces, diferentes tratamientos de la leche, los maravillosos yogures griegos, las especias de India, los quesos, las frutas y las verduras, los cereales. Cada lugar nos ofrecía una sorpresa que incorporábamos a las comidas que preparábamos. Antes de cada lucha, Alejandro sacrificaba una vaca o un buey ante todos como símbolo de victoria. Y hacía que la sangre del animal nos salpicara. Las vísceras y el corazón eran extraídas y un vidente predecía la batalla. Y siempre nos proclamaba victoriosos. Esto animaba mucho a las tropas.

Por la noche, el animal sacrificado se asaba en el fuego y por la mañana servía de desayuno. Una comida que enriquecía nuestro estómago y nuestro espíritu para llevarnos a la lucha.

Entrando en Egipto, cerca del Cairo, en unas lagunas maravillosas, plantaban un extraño cereal hasta entonces desconocido por nosotros: el oryza *(arroz). No sabíamos hasta qué punto aquel pequeño grano se convertiría en nuestro aliado. Lo mezclábamos con especias, con sangre, con caldo, con carne. Verduras y arroz.*

Alejandro nos ordenó que recogiéramos semillas de aquel cereal para plantarlo allá donde fuéramos. Uno de mis trabajos era descubrir cómo utilizaban los pueblos aquellos productos que nos eran desconocidos.

Así, las abuelas, cocineras experimentadas del pueblo de los nubios, me explicaban métodos para cocinar el arroz. Ellas lo hacían hervir durante 40 minutos con mucha agua y alguna especia, como el comino o la cúrcuma, y alguna verdura ligera, y hacían una sopa densa y de agua espesa. Arreglaba estómagos, cortaba descomposiciones y al mismo tiempo nutría al enfermo.

Es por eso que se convirtió en una comida que, además de llenarnos el estómago, también nos alimentaba, reconfortaba y curaba nuestro estómago maltratado por las mezclas de aguas, de especias y de alimentos. Fueron diecisiete años maravillosos desde el punto de vista de mi oficio. Diecisiete años duros, pero enriquecedores.

Así que, si comemos arroz en Europa, es por culpa de Alejandro Magno. Al principio era para nosotros un alimento curativo y después un alimento nutritivo. Hasta que llegó a Marruecos, y los marroquíes, como grandes agricultores que eran, perfeccionaron la técnica de cultivar y tratar este cereal.

Los árabes nos enseñaron a cultivar el arroz a lo largo de los 500 años que estuvieron instalados en España. Al principio en las orillas del río Guadalquivir, siguiendo por Murcia, después subiendo por la costa valenciana, pasando por el Delta del Ebro y finalmente en Pals, la gran plataforma para entrar en Francia.

Gran Alejandro Magno. Gran luchador y conquistador y, sin querer y con el permiso de Marco Polo, gran divulgador de las especias y del arroz por todo el Mediterráneo. Grecia, Turquía, Egipto, Italia, Libia y España. Casualmente, o sin casualidades, hoy en día son los seis países donde nace la alimentación mediterránea, ejemplo para todo el mundo. Nadie le ha dedicado un arroz a Alejandro Magno: prometo hacerlo.

Extensión hacia el Mediterráneo

El arroz como medicina en la antigua Grecia y el Imperio romano

Dicen que fue Alejandro Magno quien trajo el arroz desde Oriente hasta el Mediterráneo. En el año 300 aC el filósofo y botánico griego Teofrasto cita el cereal *oryza* en su libro *Historia de las plantas*. Describe su cultivo y la manera de cocinarlo y lo considera una planta exótica desconocida para los griegos, que hasta entonces basaban toda su alimentación en el trigo, ya fuera en forma de harina, sémola o pan.

Según los historiadores, entre griegos y romanos el arroz se consideraba una especie exótica de lujo, que se traía desde Oriente y que solo utilizaban las personas más ricas de la sociedad.

Este cereal era venerado sobre todo por las propiedades del agua de arroz. En la época de Nerón, el médico griego Dioscórides lo describe como un medicamento muy eficaz para los problemas intestinales. Por su parte, el naturalista romano Plinio y el botánico Columela recomiendan su uso como tisana.

Apicio, en su libro *De re coquinaria* o *Ars magnifica*, describía el arroz como un almidón diluido en agua y lo denominaba *sucus orizae*.

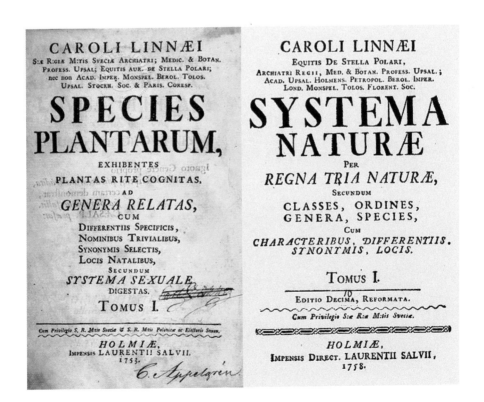

El *ar-roz* de los árabes llega a la Península

Son muchos los libros y los documentos que afirman que fueron los árabes quienes, durante el Al-Andalus, introdujeron el cultivo y el consumo de arroz en la Península así como en Italia alrededor del siglo IX. De hecho, el nombre del cereal viene de la palabra árabe *ar-roz*.

En el manuscrito anónimo del siglo XII sobre cocina hispanomagrebina se incluyen numerosas recetas de arroz, la mayoría preparadas con leche, azúcar (otro de los ingredientes introducidos por los árabes) o miel.

El escritor Ibn Qutaiba, hacia el año 850, citó al famoso filólogo Al-Asma'i que afirmaba que el arroz blanco con mantequilla fundida y el azúcar blanco no eran de este mundo, refiriéndose a que esta comida le parecía tan deliciosa que tenía que formar parte del paraíso.

Es también a principios del siglo XIII cuando se empiezan a encontrar referencias al *menjar blanc*, actualmente un postre —sobre todo en la zona de Reus— hecho con base de almendra, azúcar y almidón (de arroz o de maíz), que se aromatiza con limón y canela, pero que originariamente se cocinaba como un plato salado.

La primera referencia al *menjar blanc*, no obstante, la encontramos en un manual de dietética iraní, escrito en árabe durante el siglo XI, que se tradujo al catalán en época medieval, donde se describe como una comida hecha con base de harina de arroz, azúcar y leche, pero sin almendra.

El arroz en la edad media: el *menjar blanc*

En la cocina medieval, la separación de salado y dulce en entrantes y postres tal como lo conocemos actualmente no se hacía de la manera radical a la que estamos acostumbrados hoy en día. El concepto de *menjar blanc* era también entonces más amplio que el actual. Se trataba de un tipo de sopa, a veces una salsa —de gallina, langosta, calabaza o pescado— hervida con leche de almendras y espesada con arroz cocido. Finalmente se le añadían especias y se endulzaba con azúcar.

A pesar de que puede sonar extraña esta combinación de alimentos, no lo es tanto. Hay un postre típico de Turquía, de origen romano, llamado *tavuk gögsu*, que consiste en un pudin de leche y carne de pollo, al cual se le da consistencia con arroz.

El *menjar blanc* aparece citado en textos literarios medievales catalanes, así como en recetarios, como por ejemplo el *Llibre de Sent Soví*, del año 1324. En todas estas recetas aparecen como ingredientes fijos la leche de almendras y algún espesante como la harina de arroz.

Sea como fuere, se trataba de un plato de la alta cocina, digno de reyes, y también de un plato adecuado para la dieta de los enfermos.

Encontramos ejemplos como la anécdota del conde de Saboya, que en 1250 compró una gran cantidad de arroz para preparar dulces para su corte.

El médico del rey de la Corona de Aragón, Arnau de Vilanova, recomendaba en un texto de 1310 el *menjar blanc*, con capón o pechuga y harina de arroz para personas convalecientes o delicadas.

— El menjar blanc —

Ingredientes

—— 1 l de leche

—— 100 g de azúcar

—— 120 g de harina de arroz

—— piel de un limón

—— 1 rama de canela

1 Ponemos en un cazo la leche, el azúcar, la piel de limón y la canela y lo ponemos al fuego. Añadimos despacio la harina de arroz sin dejar de remover para evitar que se hagan grumos. Vamos removiendo y, cuando la leche empiece a hervir, lo mantenemos a fuego lento durante 5 minutos más sin dejar de remover.

2 Lo repartimos en recipientes y lo dejamos enfriar en la nevera. En el momento de servir, lo espolvoreamos con un poco de canela en polvo. Podemos utilizar mermelada para preparar este postre —le va muy bien la de higos— y podemos ir haciendo pruebas con las mermeladas que más nos gusten.

En Cataluña esta receta iba muy ligada a la Cuaresma, a pesar de que también la comían las clases altas en banquetes durante todo el año.

Con el tiempo, se fueron desarrollando una serie de variantes, sustituyendo la leche de almendras por leche de vaca, filtrando el caldo, dejando la carne, el pollo y el pescado fuera del plato y utilizando espesantes varios que no tenían relación con el arroz. En el siglo XIX el *menjar blanc* ya era directamente un postre, tal y como lo conocemos hoy en día.

El cultivo del arroz, fuente de enfermedades durante la Reconquista

Parece ser que las primeras pruebas que se hicieron en España del cultivo del arroz fueron en Sevilla, pero no tuvieron éxito porque las mareas del Guadalquivir no eran óptimas para conseguir que el cereal fructificara. Los ensayos se trasladaron a la región valenciana con gran éxito y el cultivo se extendió por la ribera del Júcar y por las tierras cercanas a la Albufera (que significa 'pequeño mar').

Sin embargo con la Reconquista y la imposición nuevamente del cristianismo todas las tradiciones árabes quedaron marginadas. Además, el desconocimiento de este tipo de cultivo por parte de los cristianos hizo que se asociara a la propagación del paludismo o de la malaria, una enfermedad infecciosa que se transmite por la picadura de un mosquito.

Se creía que de las aguas embalsadas necesarias para el cultivo de arroz emanaban ciertas sustancias gaseosas que provocaban la enfermedad. Así, a pesar de que Jaime I autorizó su cultivo en Valencia, Pedro el Ceremonioso y Martín el Humano lo prohibieron, y Alfonso el Magnánimo imponía pena de muerte a quien se atreviera a saltarse la ley.

Aun así, el cultivo no se paró nunca. Las estrictas prohibiciones de los gobiernos se fueron suavizando y se convirtieron en limitaciones o normas para el cultivo a las cuales los arroceros se tenían que ceñir.

El concepto de insalubridad del cultivo de arroz desapareció en el momento en que la ciencia conoció el origen de las fiebres y cómo se propagaban.

La experiencia posterior ha demostrado que, si el arroz se cultiva siguiendo las normas racionales e higiénicas, lejos de propagar el paludismo, lo reduce paulatinamente hasta extinguirlo.

Fue en 1814 cuando se determinó que la ley vigente hasta entonces se tenía que modificar porque no concordaba con los conocimientos científicos que liberaban el cultivo del arroz de su relación con la propagación de la malaria.

Finalmente en 1860 se estableció el acotamiento de las zonas donde se podría cultivar este cereal, limitándolo a las zonas pantanosas donde no era posible el cultivo de ningún otro tipo de alimento.

Actualmente se considera que el cultivo del arroz con agua corriente no afecta a la salud pública, pero el establecimiento de parcelas de cultivo o acotamientos arroceros requiere una autorización especial del Ministerio de Agricultura español.

Introducción del arroz en América a partir del siglo XVI

La mayoría de norteamericanos desconocen que el sistema de plantación más lucrativo de América del Norte no estaba basado en cultivos tradicionalmente asociados a la esclavitud, como el algodón o el azúcar, sino en el arroz, que tenía una demanda de consumo extraordinaria en la Europa del siglo XVIII.

Este cereal se utilizaba para fermentar cerveza o fabricar papel y se convirtió en un ingrediente imprescindible y muy apreciado por la clase media de la Europa católica para acompañar el pescado los viernes de vigilia y durante la Cuaresma.

Hasta la década de los años 70 la historia de la economía del arroz en los Estados Unidos atribuía, de forma rutinaria, los orígenes de las plantaciones de este cereal a los terratenientes. Eran halagados por haber descubierto cómo cultivar una planta tropical, desconocida en sus países hasta entonces, y desarrollar un sistema de cultivo ingenioso y adaptado a los pantanos del estado de Carolina.

Sin embargo esta versión fue seriamente cuestionada en 1974 por parte del historiador Peter Wood, que afirmaba que era poco probable que los terratenientes hubieran aprendido de manera independiente cómo cultivar este cereal y que hubieran desarrollado las sofisticadas técnicas que requiere el arroz para crecer dentro del agua.

Patrimonio de los esclavos

La realidad es que los únicos habitantes de la colonia que a finales del siglo XVII tenían idea de cómo cultivar el arroz eran los esclavos que provenían de África Occidental, donde habían visto este tipo de cultivo en la zona norte de Guinea. Así, las primeras

plantaciones se establecieron hacia 1670 y hacia la década de 1690 su cosecha ya estaba bien establecida para completarse de manera industrial a inicios del siglo XVIII.

Fue precisamente este sistema lo que creó la riqueza suficiente para permitir que Carolina del Sur, antes de la guerra civil americana, liderara la secesión de la Confederación. En aquel momento se cultivaba el arroz en una extensión de 40 millas de la costa atlántica. Justo antes de la guerra civil se habían convertido en 70.000 acres donde 100.000 esclavos trabajaban en 500 plantaciones de arroz.

Sobre la llegada de la semilla del arroz al continente hay varias versiones, todas situadas entre 1670 y 1690, algunas deliberadas y otras casuales. Parece ser que había dos tipos de semillas cultivadas en Carolina del Sur: una de color rojo, seguramente perteneciente a la especie africana *Oryza glaberrima* (ver la página 56), y otra blanca, correspondiente a la especie asiática *Oryza sativa*.

La versión más consolidada es que un barco, que venía de Madagascar con una gran carga de arroz como provisión para los tripulantes del barco, llegó a la costa de Carolina arrastrado por una tormenta y gravemente maltrecho. El diario de a bordo especificaba que las esclavas limpiaban manualmente este arroz, golpeándolo para eliminar la cascarilla hasta que fuera consumible. Al llegar a la costa, los carolinos aceptaron como pago para reparar el barco aquella semilla desconocida. Aquella semilla era *glaberrima*, de origen africano, variedad que los esclavos de Carolina siguieron plantando para consumo propio hasta principios del siglo XIX. Curiosamente, el suelo de Carolina, fértil, llano e inundado por las mareas de los ríos, era ideal para el cultivo del arroz.

Posteriormente a este inicio, hacia 1690, los propietarios de las plantaciones cambiaron la variedad *glaberrima* por la *sativa*, de origen asiático, mucho más rentable para la economía de exportación, puesto que no se rompe tan fácilmente al tratarla con sistemas mecánicos y no manuales.

En cuanto a los métodos para cocinar el arroz, Carolina adoptó la manera tradicional africana, donde el arroz se cocina con judías y a menudo se le añade *okra*, otra planta nativa de África. Las mujeres africanas también solían cocinarlo solo a medias, otro nombre para el arroz *converted*, que hoy en día se vende con el nombre Uncle Ben's Converted Rice ('arroz precocido').

Sin embargo, Carolina no fue el único ejemplo documentado del cultivo del arroz fuera de África. También a mediados del siglo XVIII aparecen referencias a Maranhao, en Brasil, con esclavos directamente importados de la región del arroz de Guinea-Bissau. A pesar de que las plantaciones brasileñas no se pueden comparar con la producción de Carolina, el papel africano en la transferencia del cultivo del arroz es más que evidente. Los esclavos del Caribe francés cultivaban arroz con frecuencia en los jardines familiares, junto a las plantaciones de café y tabaco.

Así, pues, la cultura del arroz acompañó a la esclavitud africana en las Américas. En las plantaciones de Carolina del Sur como cereal de provisión preferido en el sur de los Estados Unidos, Brasil y Cuba; como alimento de primera necesidad para los esclavos fugitivos en las Guineas, Brasil, México y el Caribe.

Y hoy en día el arroz continúa siendo un alimento de primera necesidad en muchas de estas áreas, sobre todo entre granjeros de descendencia africana mixta.

Y, evidentemente, está presente en la cultura culinaria de orígenes africanos. El *gumbo* de Luisiana, una mezcla de arroz con un caldo cocido durante horas que contiene marisco, aves, carne, salchichas ahumadas y verduras; los *moros y cristianos* de Cuba, que contienen arroz, judías, chorizo, cerdo, ajo y cebolla; el *gallo pinto* de Nicaragua, muy similar al plato cubano pero añadiendo chile dulce; o el *Hoppin'John* de la cocina de Carolina, que actualmente se come en Nochebuena porque se cree que traerá buena suerte a los comensales. Es costumbre, igual que se hace con el roscón de Reyes y el haba, esconder en la cazuela una moneda envuelta con papel de aluminio justo antes de servir el plato. Se cree que la persona que la encuentra será la más afortunada en el nuevo año. Sobre el origen del nombre, parece ser que se debe a un personaje que hacia mediados de 1800 vendía esta combinación de judías con arroz por las calles de Charleston, en Carolina del Sur. El personaje en cuestión era conocido como Hoppin'John (John el Saltador) por su cojera.

— Hoppin'John —

Ingredientes

— 400 g de judías

— ½ kg de beicon o un hueso de jamón

— 1 cebolla picada fina

— un pellizco de guindilla o pimentón picado

— 1 o 2 salchichas ahumadas (opcional)

— 1 l de agua o de caldo de pollo

— 400 g de arroz de grano largo

— sal y pimienta al gusto

1 Lavamos bien las judías y las ponemos en una olla grande con agua fría. Las dejamos en el fuego hasta que empiece a hervir. Entonces lo apagamos y apartamos la olla. Dejamos las judías dentro del agua con la olla tapada durante una o dos horas.

2 Sofreímos el beicon cortado a trocitos, la cebolla y la salchicha y lo añadimos todo a la olla con las judías. Añadimos el caldo y dejamos que se hagan a fuego bajo durante una hora y media o dos horas. Sazonamos con sal al gusto.

3 Cuando las judías estén tiernas sacamos el hueso de jamón (si lo hemos puesto), añadimos el arroz y dejamos que cueza durante unos 20 minutos hasta que el líquido se haya consumido. Ajustamos la sal si es necesario y lo servimos. El plato se acompaña del refrán *Eat poor that day, eat rich the rest of the year*, que traducido significa "Come como un pobre este día y comerás como un rico el resto del año".

Conversación con el chef José Andrés, propietario de los restaurantes Jaleo en los EE.UU.

José Andrés ha exportado el arroz y la paella a los Estados Unidos, pero dignificando este plato como nunca ningún chef lo había hecho antes. Hemos querido dejar testimonio de su experiencia en una sociedad donde el arroz no forma parte de la dieta básica.

En nuestra conversación nos explica que, desde que inició la cocina de paellas en su primero Jaleo, siempre ha querido hacer los arroces de una manera tan auténtica y autóctona como si los estuviera sirviendo en España. Cada verano, celebran el Festival de la Paella en Washington, que según sus palabras cada vez suscita más interés.

"Cuando decidimos abrir Jaleo en Las Vegas, lo primero que compramos fue un quemador gigante para poder hacer las paellas con fuego de leña, como en Valencia."

Allá elaboran todo tipo de arroces, *a banda* o ibéricos, por ejemplo, aprovechando el espectáculo que supone poder cocinar de este modo en el interior de un local. Las paelleras están en el centro del restaurante, de forma que, cuando los clientes entran en el Jaleo, lo primero que ven son las llamas de las paellas.

En cuanto al tipo de arroz, "en Las Vegas utilizamos arroz bomba Santo Tomás, DO Arroz de Valencia, porque las paellas son grandes y este tipo aguanta mejor la temperatura sin que se sobrecaliente. En Washington, además, le añadimos arroz DO Delta del Ebro".

Curiosamente, a los norteamericanos les encanta la paella. Andrés nos explica también que "tienen un poco de confusión con el plato, debido a la influencia del concepto de *paella* que tienen las diversas culturas latinas. Las diferencias quedan en evidencia cuando el cliente disfruta de un arroz *a banda*, o de una buena paella valenciana como debe ser, con pollo, conejo y judías, hecha con fuego de leña".

La paella, sin embargo, es un plato casi exclusivo de los restaurantes a pesar de que cada día el público tiene más curiosidad para aprender a cocinarla. "De todos modos intentamos enseñar a los más interesados cómo se hace una paella de verdad, un plato humilde pero exquisito. Para mí, es muy parecido a la costumbre estadounidense de la barbacoa."

José Andrés es un buen amigo mío desde que éramos bien jóvenes: convivimos durante nuestra formación en la Escuela de Hostelería y después trabajamos juntos en el Entull de Roses y El Bulli al año siguiente, y realizamos varias prácticas de cocina en el antiguo Reno y en Neichel, y debo decir que aunque la distancia física que nos separa actualmente es muy grande yo lo siento muy cercano. Con él he tenido la oportunidad de viajar cocinando por todos los EE.UU. y me ha involucrado cada año en las actividades que organiza en sus restaurantes. Esto me ha permitido ver su crecimiento como cocinero y como empresario, desde su primer Jaleo hasta los veinte restaurantes que tiene actualmente. Pienso que hoy en día es el cocinero-empresario con más proyección mundial.

Polifacético, cocinero estricto, artista, amigo y persona que se ha convertido para todo el mundo en un icono de la cocina y para el pueblo estadounidense en un símbolo del sueño americano. A lo largo de estos años hemos visto nacer y crecer a nuestros hijos, hemos compartido momentos con nuestras parejas, tanto en los EE.UU. como en Cataluña, hemos crecido a nivel profesional y, sobre todo, hemos vivido unos veranos maravillosos en Zahara de los Atunes.

Restaurante Jaleo en Las Vegas. (Foto cedida por José Andrés)

"No estaré contento hasta que haya una paella
en todos los hogares norteamericanos"

José Andrés

Si explicara anécdotas, podría escribir una enciclopedia. Sin embargo para destacar dos o tres diré que gracias a él he tenido la oportunidad de estar con Michelle Obama en su casa replanteando el huerto que tiene en la Casa Blanca y cultivando, cocinando y probando diferentes verduras orgánicas que tiene plantadas, y haciendo catas de miel de la que cultiva.

Es sabido que Michelle Obama, como primera dama de los EE.UU., se propuso hacer pedagogía sobre la importancia de una alimentación saludable. Ella, como ejemplo, tiene un huerto donde no falta de nada, con un sistema de compostaje, con unos "panales de rica miel" de variedades diferentes. La familia Obama cada noche cenan de este huerto de producción ecológica y biodinámica.

Otra anécdota la protagonizó Plácido Domingo, cuando se presentó por sorpresa en la casa de la familia Andrés cuando estábamos tomando un aperitivo y decidiendo qué comeríamos aquel día. Al llegar el cantante con un par de músicos de la Whashington National Opera improvisamos una cena a dos manos entre José Andrés y yo. Constó de unos primeros con productos españoles: jamón, cigalitas, algunas conservas de calidad, pan con tomate, atún de Barbate y terminamos con un arroz de costilla de cerdo ibérico y cangrejos de Maine. La sorpresa y el lujo fue que mientras cocinábamos aquel arroz caldoso, puesto que era invierno, Plácido nos obsequió con un par de canciones y los músicos lo acompañaron. Una cena maravillosa con tertulia y copas. Cuando terminó, Plácido se ofreció a acompañarme al hotel donde yo estaba alojado, en el centro de Washington. La conversación siguió, puesto que Plácido es una persona con mucha curiosidad y con una gran cultura gastronómica, y me invitó a seguir hablando en su maravilloso apartamento. En el vestíbulo nos encontramos a Condoleezza Rice, secretaria de Estado del gobierno Bush. Cuando Plácido le explicó la gran amistad que yo tenía con José Andrés, terminamos en su casa tomando un *gin-tonic* y hablando de cocina y gastronomía.

Nuestra amistad es incondicional y se ha hecho extensiva a nuestras respectivas familias. Desde el primer día, y a pesar de la distancia y de nuestras particularidades, hemos sido y seguimos siendo como hermanos.

Daniel Olivella, un catalán en EE.UU.

A Daniel lo conocí en San Francisco, en el Culinary Institute of America del valle de Napa, donde los dos habíamos ido a impartir conferencias de cocina bajo el título *The spanish flavour*. Fue un amor a primera vista. Cocinero-ciclista, ciclista-cocinero, Daniel Olivella llegó a los EE.UU. hace 35 años, después de un fracaso escolar y para convertirse en un hombre. Actualmente tiene un restaurante en San Francisco, ya hace muchos años, que se llama B44, donde hace cocina catalana. Quizás ha sido el primer cocinero, junto con Montse Guillén, que se atrevió a hacer cocina catalana en América. Hace cinco años, abrió su segundo restaurante en Austin (Texas), el Bar Lata, local desenfadado y alegre donde se puede degustar cocina catalana y arroces, tanto secos como caldosos. Ha dado a conocer a los ciudadanos de Austin los *calçots*, la *escalivada*, la *esqueixada*, el pan con tomate... de una manera rigurosa y muy digna.

Dani, como deportista loco por la bicicleta, tiene una excelente relación con todos los deportistas de élite que viven en los EE.UU., tanto los de bici como los de canasta. Con él tuve la oportunidad de hacer una gira con el Central Market, por todo Texas, inolvidable. Y la suerte también de conocer a Lance Armstrong y de poder compartir con él un refresco en el bar de su tienda Melon Johnny.

Podríamos destacar muchos arroces, pero me gusta especialmente este arroz de Austin que recoge la cultura de las barbacoas tejanas.

Restaurante de Daniel Olivella en Austin

El arroz en Cataluña y Valencia:

historia y actualidad

El arroz en Cataluña
y Valencia:
historia y actualidad

El Delta del Ebro

Después de algunos intentos aislados e infructuosos de cultivar arroz en la zona del Delta por parte de los monjes de Benifassà, fue a partir del año 1856, con el aprovechamiento del agua del canal de navegación de Amposta a la Rápita, cuando empezó la gran revolución agrícola en el Delta. En el año 1912 se inauguró el canal de la izquierda y se extendió el cultivo de arroz a toda la zona. Actualmente es una de las áreas del mundo con más producción arrocera.

Hoy, en Cataluña, la zona con más tradición de cultivo de arroz es precisamente el Delta del Ebro, que tiene la Denominación de Origen Protegida (DOP) Arroz del Delta del Ebro desde el año 1989. Concretamente tiene seis variedades autorizadas: bahía, bomba, montsianell, gleva, fonsa y tebre. También cuenta con la denominación Arroz Ecológico del Delta del Ebro Riet Vell, con las variedades de arroz blanco, arroz bomba y arroz integral, todos ecológicos.

Cooperativa de Arroceros del Delta del Ebro

Con más de 2.000 socios que dedican cada día de su vida al cultivo de arroz, la Cooperativa de Arroceros del Delta del Ebro es una de las más importantes de España. Creada hacia 1860, con una producción anual de más de 45 millones de kilos de arroz y una gama de 14 variedades diferentes, esta empresa de trabajadores ha hecho de la tradición, la calidad y la innovación su razón de ser.

Trabajan en un entorno excepcional: el Parque Natural del Delta del Ebro, un espacio protegido donde se respira una esencia arrocera con años de tradición. Cuentan con 22.000 hectáreas de extensión que permiten cosechar 120 millones de kilos de arroz con cáscara, lo que supone un 98,5% de la producción catalana y un 20% de la española. Estos es convertirán en 70 millones de kilos de arroz blanco de las variedades bahía y bomba.

Son los responsables de las marcas Nomen, Bayo y Segadors del Delta, y su excelencia los ha hecho merecedores de las distinciones Denominación de Origen Protegida y Calidad Alimentaria que otorga la Generalitat de Catalunya. Cada vez diversifican más su mercado con productos innovadores, hechos siempre a partir de este cereal, que se ha convertido en la base de su economía. Así podemos degustar licor, cerveza o leche de arroz, o llevarnos a casa alguna de sus variedades como el clásico bomba, el basmati o el carnaroli, entre otros.

Además de la cooperativa, hay pequeños productores que cultivan su propio arroz y que son fieles a las variedades que han heredado de sus padres y abuelos. Estos productores son un punto y aparte en calidad y tradición y los responsables de mantener y trasmitir a sus hijos el patrimonio agrícola y cultural del Delta. Estos arroces se pueden adquirir en varias tiendas de Deltebre, así como en sus propios molinos. Entre estos molinos, destacamos el trabajo que hacen desde El Molí d'en Rafaelet, el Tramontano y el Illa de Riu.

Embarcadero en los arrozales del Delta

Salvador Gómez, arrocero y primer exponente del patrimonio cultural del Delta

Transportarse hasta principios de siglo, en La Barraca d'en Salvador

Si visitáis el Delta, os recomendamos que os alojéis en las barracas típicas de la zona. ¿Cómo hacerlo? Pues con la ayuda de Salvador Gómez y de su hija Susana, que hace unos años crearon La Barraca d'en Salvador. Se trata de un proyecto familiar de recuperación del patrimonio cultural, natural y arquitectónico del lugar a través del turismo rural sostenible. La Barraca d'en Salvador es una construcción típica de la zona, fabricada con elementos naturales, como cañas, barro, madera, paja y borrón, y que reúne todas las comodidades de una vivienda tradicional. En la decoración se han utilizado las antiguas herramientas para el cultivo del arroz.

Desde su jardín se accede a una laguna donde se puede pasear en barca o pescar y también se pueden observar borriquillos, cisnes, gallinas, aves y peces de la zona. Así mismo, los huéspedes pueden colaborar en el cultivo y la recolección de los productos ecológicos y de temporada que crecen en un pequeño huerto de la propiedad.

Rodeados de arrozales, en un ambiente tranquilo y relajante, la estancia en una barraca permite integrarse totalmente en el medio rural y en la vida del Delta del Ebro.

Y lo que no tiene precio es mantener una conversación y escuchar las historias de Salvador, que lleva los arrozales y la pesca de la anguila en la sangre y que dedicó una parte de su vida a aprender cómo construir las barracas típicas del Delta de manera original y con materiales que hoy casi ya no se utilizan. Un pozo de sabiduría a quien vale la pena dedicar un rato de la visita.

— Arroz con col y judías —
Receta del Delta del Ebro

Ingredientes

—— 400 g de arroz

—— 250 g de judías cocidas

—— 3 trozos de jamón

—— una pizca de pimentón

—— salsas picantes (colorante picante)

—— 1 cebolla

—— 1 tomate

—— 4 hojas de col rizada

—— 2 l de agua

—— aceite de oliva

—— salsitas (colorante)

—— sal

1 En una cazuela ponemos el aceite para hacer el sofrito. Cortamos la cebolla, el tomate y la col en trocitos pequeños y lo añadimos. Después, los trozos de jamón y, con una cuchara de madera, vamos removiendo hasta que la cebolla empieza a dorarse. Añadimos a la cazuela el pimentón y las salsas picantes.

2 A continuación, el agua, y lo dejamos cocer unos 15 minutos. Seguidamente separamos los trozos de jamón y los reservamos para más adelante. Con una batidora trituramos todos los ingredientes que tenemos en el caldo, los pasamos por un colador y ya está listo para echar el arroz y las judías cocidas. Finalmente ponemos las salsitas y la sal y añadimos los trozos de jamón.

Pals, el arroz del Ampurdán

El cultivo de este cereal en la zona de Gerona no es algo reciente. Durante más de 500 años la historia del arroz ha ido ligada a la vida diaria de la gente del Ampurdán y concretamente a la cotidianidad de la población de Pals. Las referencias históricas se remontan al siglo XV, cuando se crearon varios molinos para aprovechar el agua del río Ter para el riego.

Como ya hemos visto —y en la zona de Pals no fue una excepción—, uno de los principales declives del cultivo del arroz tuvo lugar en el siglo XVIII, cuando se creía que las aguas estancadas eran el origen de las graves enfermedades y epidemias que provocaron la muerte a miles de personas y que generaron graves revueltas populares protagonizadas por los agricultores de la zona. Estas revueltas propiciaron el real decreto —que ya hemos mencionado— que prohibía el cultivo del arroz.

El molino de Pals

El primer documento escrito donde se menciona el molino arrocero de Pals data del 9 de septiembre de 1452 y está escrito en latín. Se trata de una escritura de transacción del padre Jaume Giner a favor de Miquel Pere Tafurer, por la cual se le otorga la facultad de establecer un molino arrocero en el mismo lugar donde ya había molinos de trigo, en el término del Castell de Pals, así como el derecho de hacer intervenciones para que el agua llegara al mar sin obstáculos y para que las pequeñas embarcaciones pudieran acceder hasta el molino desde el mar.

Desde entonces y hasta ahora sus diferentes propietarios han ido cultivando el arroz con altibajos. El último fue Javier de Ros, un abogado barcelonés. Su viuda lo vendió en el año 1987 e hizo tres partes: las tierras, por un lado; la vivienda de estilo gótico, por otro, y el molino con la reguera, por un tercer lado.

Actualmente la vivienda ha sido convertida en un hotel y las otras dos partes, propiedad de la familia Parals, todavía producen arroz de tres tipos, con el nombre Arròs Molí de Pals: el redondo perlado, ideal para todo tipo de arroces a la cazuela por su alto contenido en almidón; el semilargo cristalino, para paellas o ensaladas, y el integral, que no pasa por ningún proceso de blanqueado y que contiene todos los aminoácidos esenciales.

El Arròs Molí de Pals obtuvo en 2005 la letra E, una distinción de denominación de origen. En la zona gerundense tiene lugar una producción de arroz respetuosa con el medio ambiente, puesto que se dejan los campos inundados durante cuatro meses (de noviembre a febrero), solo para que las aves migratorias puedan anidar y alimentarse en ellos.

Pere Bahí y Josep Mercader, dos referentes de la cocina catalana

Nos gustaría destacar a Pere Bahí como al gran cocinero de Palafrugell. Es un hombre vinculado a la cocina y a las habaneras, un gran defensor del producto autóctono y de la cocina de la tierra, tanto de la marinera como de la de interior, y un apasionado de la cultura ampurdanesa en general.

Convirtió el restaurante La Xicra —junto con su esposa, Montserrat, y la chef Anna Casadevall— en un referente de la cocina catalana, donde Josep Pla acostumbraba a comer a menudo, alternando los platos de Bahí con los del Motel Empordà, de Josep Mercader, el gran chef de la década de los 60, referente y escuela para la gastronomía catalana. Ahora el Motel Empordà lo lleva su yerno, Jaume Subirós, que ha respetado la filosofía y el saber hacer de quien fue su maestro.

Antiguo tractor de cultivo en el Molí de Pals

Valencia

Al lado de la Albufera se inició el cultivo del arroz en Valencia. Por su humedad era el lugar idóneo para que la planta de arroz encontrase las condiciones adecuadas para su desarrollo. El nuevo cereal se adaptó perfectamente a la dieta mediterránea, y las épocas de cultivo limitado y clandestino se superaron, como en el resto de España.

Puesto que en la Albufera habitaban muchas anguilas, no es extraño que este cereal y este pez acabaran juntos en el plato. Con los años, el arroz se convirtió en un alimento básico y los agricultores lo empezaron a cocinar con las verduras de sus huertos y con los caracoles que encontraban. Después, y normalmente en días especiales, se incorporaba al plato el conejo o el pato, y posteriormente, con el aumento del nivel de vida, el pollo.

Y todo esto daría lugar al arroz a la valenciana, la paella, que poco a poco se fue extendiendo desde el entorno estrictamente agrícola a toda la sociedad.

A partir del siglo XIX se empezó a conocer como *paella valenciana*, tomando el nombre del recipiente donde se preparaba y de la región a la que pertenecía.

Actualmente, las tierras ocupadas por el cultivo de arroz en Valencia ascienden a 16.000 hectáreas, una superficie que se ha mantenido estable durante los últimos años y que no aumentará, puesto que el cultivo se reserva únicamente para los terrenos aptos para el crecimiento óptimo de este cereal.

El origen de la paella valenciana.
Conversación con el chef Rafael Vidal

Rafael Vidal, chef del Restaurante Levante, de Valencia, hace años que intenta averiguar el origen de la paella valenciana, defiende sus ingredientes y su originalidad y protege la paella como patrimonio de la humanidad. Por eso ha hecho una peregrinación a través de todo el territorio valenciano para preguntar como se cocina en cada pueblo, en cada familia, un plato tan representativo de la cultura gastronómica valenciana.

Según explica, la paella como concepto nació en el campo. El labrador, cuando iba a trabajar, pasaba el día en el huerto y siempre se llevaba algo para comer. Lo más típico era un plato de cuchara. Con las verduras que tenía en el huerto, un puñado de arroz y una paella se preparaba la comida. Con el tiempo se fueron añadiendo ingredientes diferentes en cada zona y el plato termino denominándose *arroz de...*

En la Albufera, por ejemplo, se ponía mújol, un pez de la zona, o también un conejo de campo llamado metafóricamente *rata*. Si la jornada era larga y el lugar de trabajo quedaba lejos de casa, el arroz se hacía para cenar y se ponía bacalao, puesto que su conservación en seco permitía transportarlo sin que se echara a perder.

Como que el plato funcionaba muy bien, se trasladó de los huertos a las barracas, a las casas, y se convirtió en un plato festivo, ideal para cuando venían invitados o familia. Y allí empezó su evolución hasta que se convirtió en la paella que conocemos actualmente. De hecho, se denomina *paella* porque el utensilio donde se cocina evolucionó y

se transformó en un recipiente con dos asas que permitían manipularlo sin problema en caso de que se cocinara para un gran grupo de personas. Y así fue como el plato adoptó el nombre del recipiente donde se cocinaba.

Primero se depuró la manera de cocinarlo y se le añadieron ingredientes frescos además de los disponibles en el huerto de cada casa. Los más típicos fueron la judía verde y el garrafón. En cuanto a la proteína, y siempre según la zona, se añadieron a la cocción pollo, conejo o pato. En el interior de Valencia se ponía romero o caracoles (llamados *vaquetes* en Valencia), sobre todo en época de lluvia.

La receta se fue extendiendo, y evolucionó en función de la zona. En los pueblos de costa se utilizó el pescado de roca, un pescado barato que no tenía salida en el mercado y que se hervía con agua. Este agua después se aprovechaba para cocer el arroz. Así nació el llamado *arroz a banda*, porque se servía, por un lado, el arroz cocido con el caldo de pescado de roca y, por el otro, el pescado. Con el tiempo este pescado dejó de servirse y para revalorizar el plato se le añadió marisco, langosta o bogavante.

En las zonas más modestas el arroz se cocinaba con ingredientes más económicos como acelgas, judías, nabos o pieles de bacalao.

En cuanto a la cocción, originariamente se hacía con leña de naranjo, sin embargo, Vidal destaca que lo más importante es hacerlo con una madera que no transmita sabores extraños: que no tenga resina y que sea una madera dura y sin porosidades, que no sea vieja y que esté bien seca. Durante los primeros 10 minutos, el fuego debe ser potente para que el arroz coja todo el aroma y los sabores de los ingredientes que lo acompañan.

¿Y cuáles son los ingredientes de la paella valenciana? Pues son nada más y nada menos que diez: aceite, pollo, conejo, judía verde, garrafón, tomate, agua, sal, azafrán y arroz.

Después, cada zona añade su singularidad según su propia cultura gastronómica: en el interior añaden ajo al sofrito, en la Albufera el ingrediente estrella es el pato, en la costa la paella lleva pimentón, y en Castellón, cuando es época, no faltan las alcachofas.

"No existe un documento que explique el nacimiento de la paella valenciana"

"El arroz es el mejor transmisor de sabores que tiene la cocina"

— La receta de paella valenciana —

Receta de Rafael Vidal
Restaurante Levante

- 30 cl de aceite de oliva virgen
- 1,7 kg de pollo cortado en trozos lo más iguales posible
- 500 g de conejo cortado en trozos lo más iguales posible
- 100 g de hígados de pollo y conejo
- 500 g de tomates maduros rallados (pera o de colgar)
- 500 g de judías de herradura (judía verde valenciana)
- 500 g de garrafones, si es posible pintados (judía plana típicamente valenciana)
- 1 kg de arroz redondo de la mejor calidad, si es posible DO Arroz de Valencia
- 3,4 l de agua
- azafrán en infusión
- 45 g de sal (o al gusto)
- una rama de romero lo más fresco posible

1 Colocamos la paella en el fuego con el aceite. Cuando se caliente, añadimos la carne (pollo y conejo) y reservamos los hígados. Con fuego alegre sofreímos hasta que la carne esté bien dorada. Entonces añadimos los hígados y, posteriormente, la verdura. Al cabo de un par de minutos, añadimos el tomate pelado y rallado, siempre natural, manteniendo el mismo fuego vivo. Una vez se haya homogeneizado y esté bien elaborado el sofrito, añadimos el agua, la ramita de romero y subimos el fuego al máximo. Rectificamos de sal y añadimos el azafrán. Justo cuando empiece a hervir, retiramos el romero y echamos el arroz; en este momento la potencia del fuego debe ser máxima. Durante los primeros minutos de cocción iremos repartiendo bien todos los ingredientes, mimando la paella con sutiles pero firmes movimientos de la paleta (esto se denomina *picotetxar la paella*).

2 Los primeros 8-10 minutos se mantiene el fuego vivo. Después lo vamos bajando progresivamente, hasta que solo queden las brasas, que nos ayudarán a conseguir el tan apreciado *socarrat*. Unos minutos de reposo y ya estará a punto para disfrutarla. ¡Buen provecho!

Notas y curiosidades

En temporada son muy apreciados los caracoles, concretamente la variedad denominada *vaqueta*, previamente lavados y "engañados", que se añadirán cuando pongamos el agua.

Es conveniente que las verduras sean tiernas y frescas, a pesar de que ocasionalmente, fuera de temporada, se utiliza también la seca, como es el caso del garrafón, rehidratándolo e hirviéndolo previamente y añadiéndolo en los últimos momentos de la cocción.

Necesitará más o menos agua, dependiendo de la dureza y de la altitud de la zona geográfica donde se esté cocinando.

La variedad de arroz que siempre hemos utilizado es sénia o bahía, y ahora sendra, pero siempre con la DO Arroz de Valencia.

La paella

La paella valenciana
no sé quién la inventó,
pero se da por supuesto
que fue un valenciano.

Yo la conozco desde siempre,
desde que tengo uso de razón,
y siempre que hacemos arroz
en nada lo encuentro mejor.

Antes, cuando estaba en la Ribera,
plantábamos el arroz a mano,
venían muchos cribadores
murcianos y valencianos.

Todas las pandillas traían
para cocinar una paella,
y todo tipo de comestibles
los tenían que hacer en ella.

Igual hacían pescado en su jugo
como patata frita,
alguna vez hacían pisto
y arroz con carpa y anguila.

Los platos no los utilizaban nunca,
se ponían alrededor
y a cucharadas y por todos lados,
así se lo iban jalando.

Para limpiarla agarraban
tierra de la calle
y con un trozo de saco o paja
frotando quedaba muy bien.

Ahora todo esto es historia,
porque han pasado cuarenta años,
y los trabajos en la Ribera
hace tiempo que no se hacen a mano.

También cambian las paellas
que hacemos en estos momentos,
sobre todo las circunstancias,
y cambian los ingredientes.

Las hay de solo dos plazas,
estas son pequeñitas,
otras monumentales,
donde comen cinco mil personas.

Esto quiere decir que familias,
pandillas, pueblos y entidades,
cuando hacen una paella
se sienten muy unidos.

A continuación los ingredientes
ahora os voy a recalcar,
por si alguien haciendo paella
es curioso y lo quiere probar.

Se pone pato y conejo, pollo y,
del tocino, la costilla;
un poco de pulpo de roca
y, por fin, tomate y cebolla.

Cuando esté todo frito
toda el agua pondremos,
y cuando haga media hora que hierve
ya el arroz echaremos.

Si ponéis algún marisco,
no le haréis ningún mal.

Si ponéis la sal que hace falta,
el éxito está asegurado.

Querría un laboratorio
dispuesto a analizar
el alimento que esto tiene,
además de un gran paladar.

Aquí, en Amposta, hay un concurso
que es de ámbito nacional;
la paella se lo merece,
es buena y sensacional.

Hay países arroceros
en América latina,
y también en Vietnam, Corea,
Filipinas, India y China.

La cultura es diferente,
no conocen la paella,
se lo comen cocido y duro,
con palillos y escudilla.

Yo no sé lo que pasaría
si la probaran un día,
pero creo que la paella
a todos conquistaría.

Yo no sé si me he pasado,
si es así os pido perdón,
pero es que yo a la paella
le tengo una gran pasión.

Terra guanyada
David Monllau Gil
Arola Editors

Curiosidades
sobre el arroz

Curiosidades sobre el arroz

Frases hechas, tradiciones milenarias... Como bien sabéis todas están siempre ligadas a la tierra, a las costumbres o a las necesidades más básicas, y van evolucionando en función de la cultura y la sociedad.

¿Por qué en la bodas lanzamos arroz sobre los novios? Porque en varias culturas, como la hindú, se considera el arroz como un símbolo de fertilidad y de este modo nos aseguramos de que la pareja tenga descendencia. También simboliza felicidad y abundancia, y con este acto les transmitimos a los recién casados nuestros mejores deseos.

Entre los sintoístas, seguidores de la religión politeísta japonesa, el arroz es un alimento indispensable y lo utilizan en sus rituales, como el catolicismo hace con el pan. El emperador del Japón realiza una ceremonia donde comparte el arroz con la diosa del sol, que significa que ofrece la luz del saber y simboliza la salvación de la especie humana y su regeneración.

"¡¿Que si quieres arroz, Catalina?!"

Seguro que esta expresión la habéis oído muchas veces para poner en evidencia a aquellas personas que no hacen caso de lo que les dicen y se mantienen firmes en su negativa, sin querer entender o cambiar de opinión. Pues parece ser que este dicho tiene su origen en el reinado de Juan II de Castilla, durante la primera mitad del siglo XV. Catalina era la esposa de un judío converso que vivía en León. Esta mujer hablaba maravillas de las propiedades del arroz en materia de salud y como profiláctico. Según ella, no había enfermedad que no se pudiera curar o tratar con el arroz. Pasaron los años y la tal Catalina enfermó. Familiares y amigos, que sabían la fe que tenía en este cereal, se acercaban a su cama para ofrecerle el remedio que tanto había defendido. Uno tras otro repetían la frase: "¿Quieres arroz, Catalina?" La mujer, que estaba a punto de morir, no tenía fuerzas ni para responder a la oferta. Dicen las malas lenguas que, pensando que la enfermedad le había afectado al oído, le llegaron a gritar todos a una: "¡¿Que si quieres arroz, Catalina?!"

La moribunda guardó silencio hasta que murió y de aquí se deriva esta expresión popular aplicada a quien se obstina en ignorar olímpicamente lo que le están diciendo.

Cierta o no esta historia, y volviendo al ámbito más culinario, parece ser que el arroz que tanto defendía Catalina era el arroz con cáscara que aparece en el recetario del *Llibre de doctrina per a ben servir*, resumido posteriormente en *Lo llibre de coc*, publicado en 1520 en catalán por Robert de Nola, cocinero del rey Fernando de Nápoles.

La primera receta era muy básica y constaba solo del arroz cocinado con un caldo de carne, azafrán y unas yemas de huevo. Fue evolucionando al añadirle pollo, conejo, chorizo, longaniza, morcilla, garbanzos y tomate. ¡Una receta que a buen seguro hubiera hecho resucitar a Catalina!

Una última curiosidad sobre el arroz: los edificios que se construyeron hace siglos en la antigua China utilizaban este cereal como materia principal tanto a la hora de edificar como de restaurar. Así lo demuestra un estudio realizado por investigadores chinos y liderado por el doctor Bingjian Zhang, que concluye que este cereal se utilizaba hace 1.500 de años para rellenar los agujeros existentes entre los bloques de piedra. Para conseguirlo, los arquitectos trituraban el arroz hasta que se convertía en una especie de masa pegajosa, más eficaz que la cal porque resistía mejor las altas temperaturas y el agua. ¿El secreto? La amilopectina, un tipo de carbohidrato que se encuentra en el arroz. Su uso en la construcción fue uno de los grandes hallazgos tecnológicos de su tiempo, puesto que se usaba en tumbas y edificios. Muchas de estas estructuras han sobrevivido incluso a los terremotos.

Río Ebro

El arroz como alimento

"El arroz es el alimento que más
hambre apaga en el mundo"

El arroz como alimento

Origen silvestre y domesticación. Tipo de cultivo y clima

Pongámonos un poco técnicos y repasemos brevemente el origen del arroz. Quizás así podremos entender por qué está incluido en la dieta del 70% de la población mundial y, sobre todo, conoceremos de dónde proviene uno de los cereales más consumidos, después del trigo.

Se trata de una planta herbácea y semiacuática del género *Oryza*. Nosotros nos centraremos concretamente en la variedad *Oryza sativa*, que es la que se consume en la mayoría de países. Sin embargo no olvidemos que existe la variedad africana (*Oryza glaberrima*), una especie cultivada de diferente origen de la asiática, que se domesticó entre dos mil y tres mil años atrás en el delta del Níger, en la actual Nigeria.

Oryza glaberrima o arroz africano

Esta variedad se cultiva en África occidental y tiene algunas características negativas respecto al arroz que conocemos nosotros. Se desgrana fácilmente de la espiga y tiene poca calidad una vez molido. Todavía más importante es que su rendimiento de cultivo es más bajo que el de la *Oryza sativa*. A favor está que tiene más tolerancia a las fluctuaciones del nivel del agua, a la toxicidad por el hierro, a la infertilidad de los suelos, a las condiciones meteorológicas adversas y a las pocas atenciones al cultivo. También soporta mejor las plagas y enfermedades que pueden provocar los parásitos. En resumen, es un cultivo menos delicado, pero también menos productivo y nutritivo. Actualmente se ha creado un híbrido entre el arroz africano y el asiático que ha sido denominado New Rice for Africa ('nuevo arroz para África"). ¿Por qué? Pues porque unas 240 millones de personas en África Occidental dependen del arroz como principal fuente de alimento y de proteínas. La mayor parte de este arroz es importado y si se consiguiera que fuera de producción propia, la autosuficiencia mejoraría la seguridad alimentaria y ayudaría a desarrollar este continente.

Para que os hagáis una idea de la mejora que representa la producción de este arroz híbrido, basta con saber que aumenta los granos de arroz por espiga de 100 a 400 g, y el rendimiento del cultivo pasa de 1.000 kg de arroz por hectárea a 2.500, y llega hasta los 5.000 si se utilizan fertilizantes. Esta nueva variedad, en los últimos años, ha sido distribuida y sembrada en 200.000 hectáreas de países como Guinea, Nigeria, Costa de Marfil y Uganda.

Oryza sativa o arroz asiático

La variedad *Oryza sativa* o arroz asiático ofrece cerca de diez mil variedades de arroz que provienen de sus dos subespecies: la índica, propia de los trópicos, y la japónica,

Campo de arroz a punto de la siega

que se encuentra tanto en zonas tropicales como en climas templados. La mayoría de ellas se pulen y tratan, como ahora veremos, y se convierten en el arroz, más o menos procesado, que podemos encontrar en cualquier supermercado.

Cultivo del arroz

El arroz necesita, para ser cultivado, unas condiciones especiales que no soportan otras plantas. Puesto que es una planta acuática debe estar inundada temporalmente para que dé fruto, y aguanta hasta un 1% de salinidad en el agua. En las zonas tropicales a menudo se hace un cultivo en terrazas.

En Cataluña el arroz se cultiva en el Ampurdán y el Delta del Ebro. En Valencia también hay cultivos extensivos.

Se puede plantar desde el nivel del mar hasta los 2.500 metros de altitud, y las precipitaciones condicionan el sistema y las técnicas de su cultivo, sobre todo en tierras altas, más influenciadas por la variabilidad. Se considera que la temperatura óptima de germinación se sitúa entre los 30 y los 35º C, con un mínimo de 10 a 13º C, teniendo en cuenta que por encima de 40º C no se produce la germinación.

En cuanto al tipo de suelos, es habitual cultivarlo en aquellos de textura fina y mediana, propios del proceso de sedimentación de las llanuras inundadas y de los deltas de los ríos.

Así, en marzo se empiezan a preparar las tierras, removiéndolas y aireándolas; en abril se nivelan, se abonan y se preparan para la entrada del agua. Una vez inundadas y con el nivel óptimo, se siembran las semillas y, a principios de junio, ya se pueden apreciar los colores verdes de los campos. En agosto empiezan a salir las primeras espigas y, a finales de mes, ya se puede observar cómo han madurado. Finalmente, a mediados de septiembre, se empieza a segar.

¿Cómo clasificamos el arroz?

Como ya hemos visto, el arroz que consumimos en Cataluña y en general en el mundo es de la especie *Oryza sativa*, de la cual obtenemos el arroz de las variedades índica y japónica. Una de las diferencias entre estas dos especies es que se cultivan en zonas diferentes: la índica en zonas tropicales y la japónica en zonas templadas como la nuestra. Sin embargo, al final, más que esto o si el grano es largo, medio o corto, lo que realmente nos interesa es qué arroz es el más recomendable para hacer un determinado plato.

Así, el **índico** coincide más con arroces largos, que son más firmes y menos cremosos, quedan más sueltos al cocerlos y resisten muy bien una sobrecocción. Sin embargo, no absorben tanto los sabores, un aspecto muy importante en nuestra cocina.

El **japónico**, en cambio, tiene los granos redondos y menos consistentes, con más adherencia entre ellos y más cremosidad. Conducen muy bien los sabores, pero tienden a pasarse. Veamos las variedades de cada uno:

Índico: puntal, jazmín, basmati y tahibonet.
Japónico: glutinoso, venero, arborio, sénia, bahía, carnaroli, bomba.

¿Y de qué depende todo esto? Pues depende más del tipo de almidón que contiene el arroz que no de su cantidad. Tiene el mismo almidón un grano de basmati que uno de bomba, pero no se comportan igual una vez cocinados, y es porque el tipo de almidón es diferente: uno contiene más amilosa y el otro más amilopectina.

Más porcentaje de **amilosa** quiere decir granos más sueltos después de la cocción, arroz más consistente, granos secos y duros, menos capacidad de absorción de sabores y resistencia a la cocción. Un arroz ideal, por ejemplo, para hacer ensaladas.

Más porcentaje de **amilopectina** significa más absorción del sabor con más niveles de humedad, arroz más pegajoso, riesgo de que se pase de cocción y más delicado a la hora de cocinarlo. Perfecto para las recetas tradicionales mediterráneas como el arroz caldoso, la paella o el risotto italiano.

¿Y por qué encontramos tantas variedades en los supermercados? ¿De qué depende? El motivo es el proceso industrial que ha experimentado el producto desde su recolección.

El **arroz con cáscara**, por ejemplo, es el más puro. Es el arroz tal y como ha sido recolectado y sin haber sido manipulado de ninguna forma. Este tipo no se comercializa entre los consumidores.

El **arroz integral** es aquel al cual se le ha quitado la cáscara, pero que no ha sido tratado ni blanqueado. Tiene todavía una piel marrón que rodea el grano típicamente blanco.

El **arroz blanco** es, pues, el que queda después de retirar la piel marrón y que, por lo tanto, ha sido blanqueado de manera industrial. Los granos se pasan por un molino, donde se liman con una piedra porosa que retira las diferentes capas de piel. En este paso se determina la calidad del arroz, puesto que en función de la intensidad de esta limada obtendremos un grano más blanco o más moreno. Cuanto más blanqueado esté, la absorción del sabor será mejor, pero también se romperá más fácilmente, puesto que después de procesarlo está más desprotegido.

Por último encontramos el **arroz evaporizado**, un arroz integral sometido a un proceso de presión y temperatura que hace que, una vez blanqueado, no se pase, aunque lo cocinemos demasiado. Y también está el **arroz de cocción rápida**, que pasa por varios procesos de precocción, previos al envasado y a la comercialización, con el objetivo de que el tiempo de cocción que tenga que aplicar el consumidor sea más corto.

Propiedades nutritivas

El arroz constituye un alimento básico para casi la mitad de población del mundo y suministra el 20% de la energía en forma de alimento que consume la población mundial. Rico en hidratos de carbono, proporciona unas 350 kcal por cada 100 g. Estos hidratos se transforman en la energía necesaria para suplir el desgaste que tiene el organismo. El arroz suministra glucosa al cuerpo de una manera controlada y, por lo tanto, mantiene los niveles de azúcar en la sangre de manera constante. Esto permite que este alimento sea adecuado para los diabéticos, por ejemplo. Y, comparado con el resto de cereales, contiene un nivel inferior de proteínas y de grasas y, además, no contiene gluten, por esto es muy adecuado para las personas celíacas.

Además de energía, el arroz también proporciona fibra, en más cantidad en el caso de la variedad integral. Las vitaminas, minerales y oligoelementos también están más presentes en este tipo de arroz menos refinado.

Decálogo para cocinar bien el arroz

Decálogo para cocinar bien el arroz

1

Nunca debemos tener miedo a la hora de enfrentarnos a un arroz.

2

Tenemos que hacer un buen sofrito (básico). Nosotros recomendamos hacerlo el día antes, porque los sabores se potencian y no vamos estresados, pero si lo preferís lo podéis hacer el mismo día.

3

El arroz es una esponja, por lo tanto es necesario un buen sofrito y un buen caldo. Los caldos para hacer arroz —menos la paella valenciana, en la que se utiliza agua— tienen que ser potentes y limpios. También los podemos hacer un día antes. No necesitamos caldos de 20 minutos, sino de tres o cuatro horas, aunque sea de pescado.

4

Nos conviene elegir el arroz adecuado para el tipo de plato que haremos. Por ejemplo, si hacemos un arroz caldoso o semicaldoso, en cazuela de barro o hierro fundido, usaremos un arroz bomba, con un grano que mantiene su estructura y absorbe mucho los sabores. Si nuestra intención es hacer un arroz seco en la paella, elegiremos la variedad marisma o extra, tanto si es del Delta del Ebro como de Pals, con un grano que no aguanta tanto pero que funciona mejor con este tipo de recetas.

5

¿Qué utensilios necesitamos? Para los arroces caldosos conviene tener una cazuela de barro o de hierro fundido. Si queremos un arroz seco, elegiremos la típica paella con asas.

6

¿Remover o no remover? En el caso del arroz seco o en paella, tenemos que nacarar el arroz con el sofrito (*nacarar* significa dorar los granos de arroz con materia grasa). Esto se hace para que el arroz pierda un poco de almidón y así nos quede más suelto. Después añadimos el caldo y ya no lo removemos más. Lo que sí hace falta es ir probando el caldo para saber el punto de sal y poder añadirla antes de ponerlo al horno (si este fuera el caso), o a mitad de la cocción si lo terminamos en el fuego. También podemos añadir caldo si nos hace falta para que el arroz se termine de cocer. Eso sí, siempre caliente. En cuanto al arroz caldoso o semicaldoso, tenemos que ir jugando con él: primero lo sofreímos en la cazuela, después echamos el caldo, añadimos la picada y una pizca de sal y, cuando todo hierva, le añadimos el arroz. Mientras lo cocinamos lo vamos probando y rectificando tanto de sal como de caldo, para controlar el punto exacto de caldosidad (más o menos caldoso). En este caso sí que lo podemos ir removiendo con una cuchara de madera para que todos los componentes se amalgamen.

---

7 Fuentes de calor: podemos hacer los arroces en cocina de gas, vitrocerámica, inducción, brasa, barbacoa, hoguera... Cada fuente tiene sus peculiaridades y su fuerza. No pretendamos que el primer día en que hacemos un arroz con una nueva fuente de calor este nos salga perfecto. Pero seguro que practicando nos saldrá extraordinario.

---

8 Si cocinamos un arroz mejor olvidarnos de escritos, pensamientos, tabúes y leyendas. Tenemos que cocinar con libertad y con el corazón y si no es la primera vez, será la segunda o la tercera, pero al final le cogeremos el punto: de cazuela, de fuente de calor, de sal...

---

9 En el caso del arroz marinero, en el cual añadimos las gambas o las cigalas por encima de la paella, estas no aportan mucho sabor al arroz. En este tipo de arroz el sabor lo da el sofrito de sepia y el caldo. Por lo tanto, las gambas o cigalas que añadimos las tenemos que poner durante los últimos 5-8 minutos de cocción. Si son demasiado grandes, las podemos saltear un poco antes.

---

10 Siempre se dice que el arroz debe cocer unos 20 minutos. Yo estoy en contra. Desde que lo echamos a la cazuela o a la paella, con 15 minutos tiene bastante, siempre que sea arroz blanco y no integral. Cuando apagamos el fuego, lo tenemos que dejar reposar en la mesa 2-3 minutos. Si lo cocemos 20 minutos y le damos 2-3 minutos de espera, el arroz se nos apelmazará.

Recetario de Quim Marquès

Todas las recetas (excepto las de los chefs que están al final del libro y en las cuales ya se indica el número de comensales) son para **4 personas.** El tiempo que nosotros proponemos de cocción variará según si utilizamos gas, leña u horno, y también dependerá del recipiente (barro, paella o hierro fundido).

En cuanto a las **medidas de caldo**, depende de la fuente de calor y del utensilio que utilicemos. En cada receta os proponemos una medida. No pongáis la totalidad del caldo al inicio, porque siempre estáis a tiempo de añadirlo a mitad de la cocción si el arroz os lo pide.

Cuando decimos que por **cada ración** de arroz tenemos que poner el doble de agua, nos referimos siempre al volumen, nunca al peso. Es decir: 1 taza de arroz necesita 2 tazas de agua. Sin embargo no podemos usar la equivalencia 80 g de arroz por 160 g de agua.

En todas las recetas especificamos dos variedades de arroz: el bomba y el extra.

—— **Bomba**
Es una variedad que nos va muy bien para arroces caldosos, melosos. Es un tipo de arroz algo más caro, porque su cultivo es más complicado y costoso.

—— **Extra**
Denominaremos *extra* al arroz que es ideal para recetas de paella o arroz seco. En esta nomenclatura se incluyen las variedades bahía y gleva.

—— **Arroz largo de Pals**
Arroz similar al extra, algo más largo y con más estructura.

—— **Rodó perlat de Pals**
Variedad muy similar al arroz bomba.

En el Delta del Ebro dicen que hacer una paella con arroz bomba es de cobardes. Sin embargo este es el arroz que más aguanta la estructura del grano en el recipiente.

En cada ración de 80 g de arroz hay 5.600 granos. Si contamos que consumimos 4 kg de arroz al año, eso quiere decir que nos comemos un total de 280.000 granos de arroz.

índice

arroces secos

arroces melosos

arroces caldosos

grandes chefs y sus arroces

tratos son tratos

Arroces secos

Todas estas recetas se elaboran
en una paella

Arroz a banda

Ingredientes

—— 320 g de arroz extra o largo de Pals

—— 1,6 l de agua

—— 1 kg de pescados de roca (cabracho, rata de mar, serrano, rubio, etc.)

—— 400 g de sepia cortada en dados

—— 2 cebollas de Figueras

—— 2 tomates maduros rallados

—— 1 puerro

—— 1 zanahoria

—— 1 ñora

—— unas hebras de azafrán

—— alioli

—— aceite de oliva

—— sal

—— agua

Notas y curiosidades

Un arroz maravilloso, a veces mal interpretado. Para hacer este tipo de arroz, lo más importante es utilizar estos pescados de roca, tan buenos y sabrosos, que son los que nos darán el gusto al arroz. Al caldo se le pueden poner también galeras, cangrejos y cabezas de gamba para hacerlo más gustoso. Sin embargo, en la mesa solo serviremos los pescados de roca junto con el arroz.

1 En primer lugar hacemos un caldo con todos los pescados de roca, el puerro y la zanahoria bien limpios, la ñora sin semillas y una cebolla pelada. Lo ponemos a hervir todo en dos litros y medio de agua.

2 Mientras tanto, en la paella, procedemos a hacer un sofrito con un buen chorrito de aceite de oliva. Salteamos ligeramente la sepia, hasta que quede bien dorada, y en este momento añadimos la cebolla cortada en trozitos pequeños, y lo dejamos sofreír. Cuando la cebolla esté bien dorada, añadimos los tomates rallados y dejamos que se concentre bien el sofrito.

3 Todo este proceso nos ha ocupado al menos 20 minutos, si no más, y este es el tiempo necesario para tener cocidos los pescados del caldo. Lo colamos con cuidado para que los pescados queden lo más enteros posible y los reservamos.

4 A la ñora le rascamos la pulpa y la añadimos al sofrito.

5 En la paella del sofrito, añadimos el caldo (necesitamos 1,6 litros) junto con las hebras de azafrán, rectificamos de sal y dejamos cocer a fuego vivo durante 15-16 minutos.

6 Se sirve el arroz por un lado y el pescado por otro, un bol con alioli y un buen chorro de aceite por encima del pescado.

Paella de arroz Boqueria

Arroces secos

Ingredientes

—— 320 g de arroz extra o largo de Pals

—— 800 g de caldo de pescado

—— 800 g de caldo de pollo

—— ¼ de pollo de payés cortado tipo *ajillo*

—— 100 g de costilla de cerdo ibérico

—— 100 g de setas (cuando no es temporada podemos usar setas secas)

—— 50 g de sepias pequeñas

—— 3 gambas peladas

—— 50 g de judías de Santa Pau

—— 1 cebolla de Figueras

—— 1 pimiento rojo pequeño

—— 1 pimiento verde

—— 2 dientes de ajo

—— 50 g de judía perona

—— 2 alcachofas

—— aceite de oliva

—— picada de ajo y perejil

1 En primer lugar, doramos bien el pollo y la costilla de cerdo en una paella con aceite de oliva, y lo reservamos. En este aceite hacemos un sofrito con la cebolla, los ajos, los pimientos verde y rojo, cortado todo en trozos pequeños. Cuando el sofrito esté bien cocido, añadimos el pollo y la costilla, y añadimos las setas, las alcachofas y las judías peronas. Lo dejamos cocer todo junto un par de minutos y añadimos el arroz. Lo salteamos hasta que quede bien dorado.

2 Añadimos el caldo de pescado y el caldo de pollo y lo dejamos cocer a fuego vivo durante 10 minutos. Rectificamos de sal. Mientras tanto, salteamos las sepias pequeñas con las judías de Santa Pau y con una pizca de picada de ajo y perejil. Distribuimos el salteado por la paella y dejamos cocer 5 minutos más el arroz. Apagamos el fuego pasados unos 15-16 minutos de cocción y lo dejamos reposar 2 minutos más.

Notas y curiosidades

Esta paella es un homenaje a la Boqueria: mar, montaña, huerta…, en definitiva, mercado.

Arroz negro con tinta

Ingredientes

—— 320 g de arroz extra

—— 1,6 l de caldo de pescado y marisco

—— 2 sepias medianas cortadas
    en dados

—— la tinta de la sepia

—— 1 cebolla de Figueras

—— pimiento verde

—— tomates maduros

—— 1 cucharada de picada de ajo
    y perejil

—— alioli

Notas y curiosidades

Arroz de costa cien por cien
catalán, donde el sabor de la
sepia y su tinta se convierten
en los reyes de este gran plato.
Acompañamos este arroz con
alioli normal o sin ligar. A mí
me gusta mucho añadir unos
daditos de tomate fresco por
encima.

1 En la misma paella donde coceremos el
arroz hacemos el sofrito. Con aceite de oliva
bien caliente salteamos bien la sepia cortada
(reservamos la tinta), hasta que quede bien
marcada.

2 Retiramos la sepia y, en el mismo aceite,
añadimos la cebolla cortada en trocitos
pequeños, dejamos que se dore bien y
añadimos el pimiento verde, también
cortado en trocitos pequeños.

3 Una vez el pimiento y la cebolla se han
sofrito bien, añadimos el tomate cortado en
dados y sin semillas ni piel, y dejamos que se
concentre.

4 En este punto añadimos el arroz y la tinta,
y lo mezclamos todo hasta que tenga un
color bien uniforme. Añadimos el caldo y lo
dejamos cocer durante 12 minutos.

5 Ahora probamos la sal —no la hemos
puesto antes porque la tinta es bastante
salada y es necesario tener cuidado—,
rectificamos si hace falta y añadimos la
picada de ajo y perejil.

6 Lo dejamos cocer 3 minutos más, ahora a
fuego suave.

7 Apagamos el fuego, lo dejamos reposar
2 minutos y lo servimos con alioli, para que
cada cual se lo ponga a su gusto.

Arroz Parellada
(o de señorito, o...)

Ingredientes

—— 320 g de arroz extra

—— 1,6 l de caldo de pescado y marisco

—— 50 g de filetes de rape

—— 100 g de mejillones de roca sin caparazón

—— 100 g de berberechos sin caparazón

—— 8 gambas peladas

—— 100 g de chipirones pequeños

—— 1 sepia mediana con la melsa, limpia de tinta (500 g)

—— 1 cebolla de Figueras cortada en dados pequeños

—— 1 pimiento verde cortado en dados pequeños

—— 1 cucharada de picada de ajo y perejil

1 Primero hacemos un sofrito con la sepia limpia y cortada en dados no demasiado pequeños. La ponemos en una paella con aceite de oliva y dejamos que coja un color tostado. La sacamos y ponemos en la paella la cebolla cortada en daditos pequeños, hasta que coja un color dorado, y así recuperamos toda la esencia de la sepia que queda en la paella. Le añadimos una pizca de sal y la tapamos para que se cueza a fuego lento durante 5 minutos. Destapamos la paella y dejamos que se tueste, hasta que pierda toda el agua. Añadimos el pimiento verde cortado igual que la cebolla y, cuando esté bien hecho, añadimos otra vez la sepia y el tomate triturado. Dejamos que vaya hirviendo a fuego lento hasta que quede un sofrito espeso, concentrado. En este punto añadimos el arroz y lo salteamos ligeramente con todo el sofrito. Incorporamos todo el caldo y lo dejamos cocer a fuego vivo, añadimos los dados de rape, los chipirones y la picada, y lo hervimos unos 10 minutos.

2 Pasado este tiempo, bajamos el fuego y añadimos las gambas, los berberechos y los mejillones. Lo probamos, rectificamos de sal y lo dejamos cocer 5 minutos más. Apagamos el fuego, lo dejamos reposar 2 minutos y ya lo tenemos a punto.

Notas y curiosidades

Arroz de señorito o de notario o de gandul. Este es un plato con historia y anécdotas. Hay muchas leyendas sobre este arroz, pero parece ser que este plato fue inventado en el restaurante El Suizo, de las Ramblas de Barcelona. Este legendario establecimiento era propiedad de la familia Matas cuando un distinguido cliente habitual, Julio Parellada, propietario del palacio de la calle Canuda donde actualmente se encuentra el Ateneo Barcelonés, pidió que le hicieran un arroz con los ingredientes habituales pero sin huesos ni espinas. El cocinero, que era Joan Matas, le elaboró este plato, que satisfizo tanto al señor Parellada que se aficionó a él, de forma que lo pedía con cierta frecuencia. Cuando lo encargaban a la cocina, el camarero solía llamarlo *un Parellada*, para hacerse entender con pocas palabras.

El Suizo incorporó este arroz a su carta hasta que, en 1949, cerró sus puertas. Sin embargo la historia no acaba aquí, puesto que en aquel tiempo el arroz Parellada se había hecho tan popular que muchos restaurantes de Barcelona lo ofrecían a sus clientes. Cuando El Suizo cerró, muchos pensaban que el plato era original del restaurante 7 Portes, regentado por Paco Parellada. La familia Parellada ha preservado y servido este arroz —de forma magistral, justo es decirlo— durante muchos años, tanto en el 7 Portes como en la Fonda Europa y otros establecimientos.

Arroz mediterráneo de bacalao, aceitunas y flores

Arroces secos

Ingredientes

—— 320 g de arroz extra

—— 1,6 l de caldo de verduras

—— 100 g de bacalao desalado cortado en dados

—— 1 cebolla de Figueras

—— 1 calabacín

—— 1 zanahoria

—— ½ berenjena

—— puerro

—— alcachofas

—— 50 g de guisantes de Llavaneres pelados

—— ramita de tomillo

—— tomates maduros

—— 50 g de aceitunas negras de Aragón sin hueso

—— un puñado de flores

—— picada de ajo y perejil

—— sal

—— aceite de oliva

Notas y curiosidades

Arroz también de interior, sutil y perfumado. Opcionalmente me gusta añadirle unas cuantas rodajas de patata muy finas. Las flores comestibles las venden en cualquier mercado y decoran y dan gusto al arroz.

1 En primer lugar cortamos todas las verduras (cebolla, calabacín, zanahoria, puerro y berenjena) en dados lo más pequeños posible.

2 Limpiamos las alcachofas, las cortamos en cuatro partes cada una y las reservamos. En la paella donde haremos el arroz, con un buen chorro de aceite de oliva, procedemos a hacer un buen sofrito con todas las verduras cortadas, junto con la ramita de tomillo. Las dejamos cocer hasta que estén bien doradas.

3 Una vez doradas, añadimos las alcachofas y los tomates cortados en dados, y dejamos que se incorporen al sofrito.

4 Cuando todo esté bien unificado añadimos el arroz y dejamos que se nacare con el sofrito.

5 Añadimos el caldo y lo dejamos cocer a fuego vivo 5 minutos. Añadimos los guisantes, los dados de bacalao, las aceitunas negras bien picadas y la picada de ajo y perejil, y lo dejamos cocer a fuego mediano durante 5 minutos.

6 En este punto lo probamos y rectificamos de sal, y bajamos el fuego al mínimo. Lo dejamos cocer 5 minutos más.

7 Apagamos el fuego, lo dejamos reposar 2 minutos y añadimos las flores por encima. Y ya lo tenemos listo.

Arroz de pichón con calabaza y setas

Ingredientes

—— 320 g de arroz extra

—— 1 pichón deshuesado y cortado en octavos

—— ½ brécol cortado pequeño

—— ½ calabaza cortada como las patatas fritas

—— 200 g de setas de otoño (de distintos tipos)

—— 1 cebolla de Figueras

—— picada de ajo y perejil

—— sal

—— aceite de oliva

Para el caldo (1,6 l)

—— ½ gallina

—— ¼ de pollo

—— la carcasa del pichón

—— cebolla

—— zanahorias

—— 1 nabo

—— 100 g de setas (podemos aprovechar las rotas o las más feas)

1 En primer lugar hacemos el caldo. Para hacerlo, ponemos la carcasa del pichón con aceite de oliva en el horno, a 180° C durante 15 minutos. También salteamos las setas con un chorrito de aceite de oliva. Después ponemos todos estos ingredientes a hervir en una olla, durante 1 hora y media aproximadamente.

2 En la paella, con una pizca de aceite, empezamos a saltear todos los ingredientes uno por uno. En primer lugar el pichón, previamente salpimentado. Una vez dorado, lo retiramos y añadimos la cebolla cortada en dados pequeños.

3 Una vez dorada la cebolla, añadimos las setas, el brécol y la calabaza.

4 Cuando todo esté salteado, añadimos el pichón otra vez y el arroz, para que quede nacarado.

5 Añadimos el caldo y lo dejamos cocer a fuego vivo 10 minutos.

6 Pasado este tiempo, bajamos el fuego, añadimos la picada, probamos y rectificamos de sal. Lo dejamos cocer 5 minutos más a fuego a medio. Apagamos el fuego, dejamos reposar 2 minutos y ya lo tenemos listo.

Arroces secos

Notas y curiosidades

Otro arroz de interior, de sabor profundo por el pichón, que si no nos gusta podemos cambiar por codornices o pollos de campo. El pichón es un animal que no se puede criar en cautividad o en una granja y, por lo tanto, lo que come es muy bueno. Es pequeño, pero todo un atleta, y esto hace que su carne sea sabrosa y firme.

Paella de verduras

Ingredientes

—— 320 g de arroz largo de Pals
(o integral, teniendo en cuenta que
este necesita 40 min de cocción)

—— 1,6 l de caldo de verduras

—— 100 g de guisantes

—— 100 g de judía tierna

—— 100 g de alcachofas

—— 50 g de coliflor

—— 1 tomate

—— sal

—— 8 cucharadas de aceite

1 Ponemos en una paella el aceite y, cuando esté caliente, salteamos durante 5-7 minutos las verduras cortadas. Después añadimos el tomate y, pasados 2 o 3 minutos, echamos el arroz.

2 Removemos la paella unos 3 minutos. Añadimos el caldo de verduras y, cuando hierva, rectificamos de sal.

3 Procederemos como con todas las paellas. Estará un rato (5-6 minutos) al fuego y la acabaremos al horno si nos apetece.

Notas y curiosidades

Si queremos podemos añadirle tomillo, laurel o romero.
Una cosa que le va muy bien a este arroz son las olivas de Aragón negras, cortadas pequeñas, o bien un puñado de garbanzos cocidos.

Risotto de cigalas

Ingredientes

— 320 g de arroz bomba

— 1,6 l de caldo de pescado

— 16 cigalas

— 1 cebolla

— 4 dientes de ajo

— 2 tomates maduros

— 1 zanahoria

— 1 puerro

— apio

— pimentón

— sal y pimienta

— alioli

1 Pelamos las cigalas, separamos las colas y guardamos las cabezas. Hacemos un sofrito con los ajos, la cebolla, el tomate, la zanahoria y el apio. Pasados unos minutos añadimos las cabezas y dejamos que se dore. Ponemos el pimentón y el caldo de pescado y, después de 10 minutos, lo pasamos por un colador, conservando el caldo en un recipiente.

2 En una cazuela calentamos el aceite y sofreímos las colas de las cigalas previamente salpimentadas. Las reservamos. Añadimos el arroz, lo doramos e incorporamos el caldo de pescado. Lo dejamos al fuego durante 15 minutos. Finalmente añadimos las colas de las cigalas. Montamos el plato y lo decoramos con alioli.

Notas y curiosidades

El risotto puede ser de arroz o de fideos, podemos usar lo que más nos guste. Se trata de un plato austero pero muy sabroso. La cigala es uno de los crustáceo más elegantes que hay.

Arroz de sepia, setas y gambas

Ingredientes

— 320 g de arroz extra o largo de Pals

— 1,6 l de caldo de pescado y marisco

— 12 sepias pequeñas limpias, pero con la tinta y la melsa

— 8 gambas peladas

— 50 g de setas secas, o 200 g de setas frescas cortadas en dados

— 1 cebolla grande

— 1 pimiento rojo

— 2 dientes de ajo

— 1 cucharada de picada de ajo y perejil

— 2 tomates pera maduros

1 Cortamos la cebolla, los ajos y el pimiento en daditos pequeños. Pelamos y cortamos los tomates bien pequeños, si puede ser sin semillas, y les escurrimos bien el jugo. Ponemos el caldo de pescado y marisco a calentar, hasta el punto de ebullición.

2 En una paella para cuatro personas, con aceite de oliva, procedemos a hacer el sofrito de cebolla y ajos. Cuando la cebolla empiece a volverse transparente añadimos el pimiento rojo. Dejamos que el pimiento se sofría 2 minutos y añadimos las sepias pequeñas. Una vez doradas las sepias, añadimos las setas: si son frescas, bien limpias y cortadas en dados más bien grandes; si son secas, previamente remojadas en agua caliente durante 2 minutos. Dejamos que todo se sofría bien y añadimos el tomate.

3 Cuando el tomate esté bien concentrado —lo sabremos porque se habrá evaporado toda el agua—, echamos el arroz y lo salteamos bien con el sofrito. Añadimos el caldo y lo dejamos cocer a fuego fuerte durante 12 minutos. Pasado este tiempo probamos la sal, rectificamos si hace falta y añadimos la cucharada de picada de ajo y perejil. Bajamos el fuego y lo dejamos cocer 3 minutos más. Apagamos el fuego y lo dejamos reposar 2 minutos. Y ya lo tenemos listo.

Arroces secos

Notas y curiosidades

Aromático, elegante, hecho con tres productos maravillosos que hablan por sí solos…

Arroz a *banda* sin pescado

Ingredientes

—— 320 g de arroz

—— 1,6 l de caldo de pescado y marisco

—— 6 dientes de ajo

—— 2 tomates maduros

—— 3 ñoras

—— un chorrito de aceite

—— alioli

1 Hacemos un sofrito con el ajo y las ñoras. Cuando esté dorado, lo sacamos de la paella y lo picamos bien en un mortero. Volvemos a poner la paella en el fuego y, en el mismo aceite, sofreímos la pulpa del tomate.

2 Cuando esté bien cocido, añadimos el arroz y el caldo de pescado con la picada de ajos y ñoras. Cuando empiece a hervir lo ponemos en el horno durante un cuarto de hora. El arroz *a banda* se sirve acompañado de alioli, en una salsera aparte.

Notas y curiosidades

Plato para los enamorados del arroz. Recordamos que el grano de arroz es una esponja y cuanto más bueno sea el caldo, más bueno saldrá el plato.

Paella DO Barceloneta

Ingredientes

—— 320 g de arroz tipo extra

—— 1,6 l de caldo de marisco

—— 1 sepia de 500 g aproximadamente

—— unos filetes de pescado (rape, mero, congrio....)

—— la melsa de la sepia

—— 16 mejillones de roca

—— 4 cigalas

—— 4 gambas de la Barceloneta

—— 1 cebolla de Figueras pequeña

—— ½ pimiento verde

—— ¼ de pimiento rojo

—— 2 ramitas de estragón fresco

—— 1 ñora

—— sal

—— picada de ajo y perejil

1 En primer lugar tenemos que aromatizar el caldo de marisco con el estragón. Para hacerlo podemos añadir las ramitas al principio, cuando se hace la bresa de verduras, pero si ya tenemos hecho el caldo solo hará falta infusionar las hojas un rato mientras este hierve en una olla. Del mismo modo, en este caso añadimos también una ñora. Cortamos la sepia en dados pequeños, reservando la melsa. Pelamos las gambas y las cigalas sin sacarles las cabezas.

2 En una paella de arroz con un buen chorro de aceite de oliva, salteamos ligeramente todas las gambas y las cigalas, hasta que queden doradas pero no cocidas del todo, y las reservamos. En el mismo aceite, abrimos los mejillones y también los reservamos. Salteamos los dados de sepia hasta que queden bien dorados y también los reservamos. En este mismo aceite —seguro que tendremos que ir añadiendo aceite mientras salteamos todo el marisco—, hacemos un sofrito con la cebolla cortada pequeña, hasta que quede bien dorada.

3 Añadimos los pimientos verde y rojo, también cortados en trozos pequeños. Una vez el sofrito esté bien cocido —es decir, que la cebolla y los pimientos verde y rojo se hayan dorado bien—, añadimos la sepia salteada y la melsa y lo dejamos cocer a fuego suave unos 15 minutos, hasta que consigamos un sofrito armonioso. Añadimos el arroz y sofreímos ligeramente todo el conjunto.

Arroces secos

4 Rápidamente añadimos el caldo de marisco, salamos ligeramente, añadimos la picada de ajo y perejil y los filetes de pescado y lo dejamos cocer todo a fuego vivo unos 12 minutos. En este punto tenemos dos opciones: la primera sería continuar la cocción en el fuego, y la segunda sería acabar la cocción del arroz en el horno. Si escogemos la segunda, debemos tener el horno previamente caliente, a unos 190° C. Acabamos la cocción en el horno durante 5 minutos y después calentamos el marisco también en el horno y lo disponemos por encima de la paella.

5 En el caso de terminar la paella en el fuego, pasados los 12 minutos distribuimos todo el marisco y los mejillones por encima de la paella para que el vapor de los minutos finales de la cocción del arroz los calienten, sin miedo de que se pasen de cocción. Lo dejamos cocer un par de minutos más.

6 En este punto el arroz habrá estado en el fuego unos 14 minutos, y con 2 minutos de reposo ya lo tendremos a punto para comer.

7 Debemos tener en cuenta que hemos hecho la receta en condiciones óptimas de fuego, y que en casa no todos los fuegos son tan potentes. Por lo tanto, se trata de adaptar los tiempos de cocción a nuestra cocina y a nuestra manera de hacer. Del mismo modo que si lo queremos hacer a la brasa, los tiempos de cocción también cambiarán. Dependiendo de la fuerza del fuego (gas, horno, brasa) la evaporación del caldo será diferente, por lo tanto siempre tenemos que vigilar si hace falta añadir más caldo en caso de que la cocción del arroz nos lo pida.

Notas y curiosidades

Esta paella tiene todo el aroma de la Barceloneta. El único detalle diferente es su ligero perfume de estragón fresco. Es una paella sabrosa, limpia y ordenada, donde el marisco se hace a la plancha, aparte del arroz, para poder saborearlo en su punto justo de cocción. Si no ponéis limón, también os quedará bueno.

8 Somos partidarios de aromatizar esta paella con unos *twist* de piel de limón (aquellos rizos de piel de limón que se le añaden al Dry Martini). Una vez servida la paella en el plato, dejamos caer el *twist*, el cual, al contacto con los vapores del arroz, desprenderá un aroma suave, aromático y refrescante, que nos transportará a días soleados, florales, primaverales, frescos y de porches al lado del mar.

Paella vegana con aceitunas de Aragón

Ingredientes

—— 320 g de arroz extra

—— 1,6 l de caldo de verduras

—— 1 cebolla de Figueras

—— 1 calabacín

—— 1 zanahoria

—— ½ berenjena

—— puerro

—— alcachofas

—— 50 g de guisantes de Llavaneres

—— 50 g de col kale

—— ramita de tomillo

—— tomates maduros

—— 50 g de aceitunas negras de Aragón sin hueso

—— picada de ajo y perejil

—— sal

—— aceite de oliva

Notas y curiosidades

El veganismo nos inunda y, como consecuencia, surgen estos platos y, cómo no, también un gran arroz como este. Si es época de flores, podemos añadir las de los guisantes o los pensamientos. Aparte de dar gusto al arroz nos decoran el plato y nos aportan un toque primaveral.

1 En primer lugar cortamos todas las verduras (cebolla, calabacín, zanahoria, puerro y berenjena) en dados lo más pequeños posible.

2 Limpiamos las alcachofas, las cortamos en cuatro partes cada una y las reservamos. En la paella donde haremos el arroz, con un buen chorrito de aceite de oliva, procedemos a hacer un sofrito con todas las verduras cortadas, junto con la ramita de tomillo. Las dejamos cocer hasta que estén bien doradas.

3 Una vez doradas, añadimos las alcachofas y los tomates cortados en dados, y dejamos que se incorporen al sofrito.

4 Cuando todo esté bien unificado añadimos el arroz y dejamos que se nacare bien con el sofrito.

5 Añadimos el caldo y lo dejamos cocer a fuego vivo 5 minutos. Añadimos los guisantes, las aceitunas negras bien trituradas y la picada de ajo y perejil, y lo dejamos cocer a fuego mediano durante 5 minutos. En este punto probamos y rectificamos de sal, y bajamos el fuego al mínimo. Lo dejamos cocer 5 minutos más.

6 Apagamos el fuego, lo dejamos reposar 2 minutos y ya lo tenemos listo.

Paella catalana

Ingredientes

—— 320 g de arroz del Delta del Ebro
extra o largo de Pals

—— 800 g de caldo de pescado, marisco
y calamar

—— 800 g de caldo de pollo

—— 200 g de pollo de corral (tipo Penedès)
deshuesado y cortado en dados

—— 100 g de costilla de cerdo del
Montseny cortadas en trocitos

—— 100 g de salchicha de la Garriga
cortadas en trocitos

—— 8 anillas de calamar de Blanes
cortadas a rodajas

—— 1 sepia mediana cortada en trozos
pequeños

—— 4 cigalas de la Barceloneta

—— 8 mejillones de roca

—— 8 ciruelas secas sin hueso

—— 1 cebolla de Figueras

—— 1 tomate maduro del Vallès rallado

—— 1 pimiento verde

—— 1 pimiento rojo

—— 100 g de guisantes de Llavaneres
(en primavera o verano)

—— 2 alcachofas del Prat (en otoño o
invierno)

—— unas hebras de azafrán

—— 2 dientes de ajo

—— aceite de oliva

1 En la paella, con un buen chorrito de aceite de oliva, doramos bien toda la carne, previamente salpimentada: el pollo, las costillas de cerdo y las salchichas (en este orden). Cuando estén bien doradas, las retiramos. Hacemos lo mismo con los calamares y las cigalas, y los retiramos. Si hace falta añadir aceite, lo hacemos. A continuación doramos también la sepia cortada en trozos pequeños y la retiramos.

2 Hacemos un sofrito con los dientes de ajo cortados en trozos pequeños y la cebolla de Figueras también bien picada. Lo dejamos dorar a fuego suave. Una vez esté bien rubia, añadimos los pimientos verde y rojo, cortados en dados más bien grandes (2 x 2 cm), y lo dejamos sofreír un par de minutos. Añadimos la sepia que teníamos reservada, unificamos y añadimos el tomate maduro rallado.

3 Una vez el sofrito esté bien estofado, le añadimos todas las carnes (pollo, costilla y salchichas) y las ciruelas, y lo dejamos unos 5 minutos a fuego lento. Añadimos el arroz y lo sofreímos bien un par de minutos. Añadimos el azafrán y lo remojamos con los caldos calientes de carne y de pescado.

4 Añadimos la verdura (guisante o alcachofa, según la estación), los calamares, las cigalas y los mejillones. Probamos y rectificamos de sal. Una vez incorporados los caldos, el arroz debe cocer aproximadamente 15 minutos.

Notas y curiosidades

La paella catalana nació hace unos años en Valencia, después de largas conversaciones con el amigo Rafael Vidal. Representa todo un viaje gastronómico por las tierras catalanas. Puesto que todo lo que lleva es DO Cataluña, convendría servirlo en un plato de cerámica de La Bisbal.

Arroces secos

Arroces
melosos

Todas estas recetas se elaboran
en una cazuela

Arroz con galeras, guisantes y espinacas

Ingredientes

—— 320 g de arroz bomba

—— 2 l de caldo de pescado

—— 12 galeras

—— un puñado de guisantes

—— 3 manojos de espinacas frescas

—— 1 cebolla pequeña

—— 3 tomates maduros

—— 2 dientes de ajo

—— ajo y perejil picado

—— aceite de oliva

Notas y curiosidades

Se trata de un arroz de primavera típico de la zona de Tarragona, en el cual la suavidad de las galeras y el perfume de las verduras ofrecen un resultado maravilloso. También podemos poner alcachofas o tirabeques. Si añadimos cada verdura en el momento óptimo, darán al arroz su mejor sabor y, cuando las comamos, notaremos sus diversas texturas y peculiaridades.

Tradicionalmente este arroz lo preparaba en casa la esposa del pescador. El hombre solo cocinaba en la barca y rara vez lo hacía en casa.

1 En primer lugar, doramos las galeras en una cazuela, preferiblemente de barro, con aceite de oliva. Las reservamos.

2 En esta misma cazuela añadimos la cebolla cortadita en dados pequeños, que se impregnará del jugo que han dejado las galeras. Cuando la cebolla se haya ablandada añadimos los ajos picados y dejamos que cojan color. Cuando el conjunto esté bien sofrito añadimos el tomate triturado, sin la piel ni las semillas. Dejamos que cueza a fuego lento.

3 Echamos el arroz y esperamos a que coja un tono nacarado gracias a la grasa que contiene el sofrito. Acto seguido lo remojamos con el caldo de pescado. Cuando arranque el hervor incorporamos las galeras a la cazuela, las espinacas ya limpias y los guisantes.

4 Pasados unos 15 minutos el arroz ya estará cocido y solo hará falta rectificarlo de sal y dejarlo reposar un par de minutos para que quede todo bien asentado y armonizado. Opcionalmente podemos añadir al caldo una picada de ajo y perejil cuando empiece a hervir.

Arroces melosos

Arroz Costa Brava

Ingredientes

—— 320 g de arroz bomba

—— 2 l de caldo de ave y de bogavante

—— ½ pollo de corral cortado en 16 trozos

—— 1 bogavante de ½ kg

—— 1 cebolla mediana

—— 1 zanahoria

—— 1 pimiento rojo pequeño

—— 1 pimiento verde italiano

—— 1 tomate pera maduro (sin semillas ni piel)

—— 1 calabacín pequeño

—— 1 cabeza de ajos

—— 50 g de piñones

—— aceite de oliva

—— sal

1 En una cazuela, doramos el bogavante por la parte de la carne, sobre todo. Lo reservamos. Con el mismo aceite del bogavante doramos bien el pollo, hasta que la piel quede bien crujiente. Lo reservamos también. Añadimos la cebolla cortadita en dados pequeños en la cazuela con los jugos del bogavante y el pollo. Una vez rehogada la cebolla, añadimos el resto de las verduras cortadas también en dados pequeños.

2 Sofreímos y añadimos el pollo dorado anteriormente. Se trata de una cocción de horas, a fuego muy muy lento. A media cocción se le puede añadir un vasito de brandy y una hoja de laurel o una ramita de hinojo.

3 Una vez asado solo queda añadir el arroz y el bogavante ya cocinado con anterioridad. Se remoja con un caldo hecho con las carcasas de pollo y las cabezas del bogavante y se termina de cocer en el horno a unos 200° C. Cuando falten 3 minutos, añadimos una picada hecha con un ajo *escalivado* (cocinado al horno durante una media hora a 180 °C) y piñones tostados, que ligaremos con un poco de aceite de oliva. Rectificamos de sal si hace falta.

Arroces melosos

Notas y curiosidades

Fantástico arroz que define muy bien el paisaje donde nació. El bogavante se puede cambiar por langosta. En estos platillos marineros, normalmente se ponía langosta para alargar la cantidad de pescado. Hace 50 años la langosta era abundante y en cambio el pollo tardaba seis meses en engordar.

Observaciones

Para hacer el caldo de este arroz es necesario un doble procedimiento. Primero confeccionamos un caldo con las carcasas y los huesos del pollo y un poco de cebolla, apio, zanahoria y agua. Lo dejamos cocer a fuego lento unas 4 horas. Después lo colamos y reservamos el caldo. A continuación, doramos las cabezas del bogavante por la parte del coral, rehogamos unas verduras (cebolla, ajo, zanahoria y apio) y lo remojamos no con agua, sino con el caldo del pollo. Lo dejamos hervir a fuego lento una hora más o menos, lo colamos y… ¡listo!

Arroz con centollo

Ingredientes

—— 320 g de arroz bomba

—— 2 l de caldo de pescado

—— 1 centollo grande

—— cebollas de Figueras

—— 4 dientes de ajo

—— 2 tomates pera

—— 200 g de tirabeques o guisantes

—— aceite de oliva

—— sal

Notas y curiosidades

El centollo es un cangrejo con un sabor elegante y dulce, que nos dará un arroz diferente. Es un marisco que vive en los fondos arenosos y tiene movimientos lentísimos. Este arroz es típico de la zona de Gerona, desde Palafrugell hasta el cabo de Creus. El arroz de centollo con un puñado de guisantes frescos es un excelente plato primaveral. La época de pesca de este cangrejo, y por lo tanto la mejor época para consumirlo, va de diciembre a marzo.

1 En una cazuela de hierro fundido o de barro, con un chorrito de aceite bien caliente, cocemos el centollo hasta que quede bien rojo. Separamos las patas, vaciamos su interior y lo reservamos aparte. Empleando el mismo aceite hacemos un sofrito con los ajos y la cebolla bien desmenuzados.

2 Cuando la cebolla esté dorada es el momento de añadir los tomates rallados para dejar que se sofrían bien a fuego suave. Añadimos el arroz y lo sofreímos removiéndolo con la cuchara de madera. Remojamos el conjunto con el caldo e incorporamos las patas del centollo a la cazuela.

3 Cuando arranque el hervor añadimos los tirabeques y lo dejamos cocer a fuego vivo 15 minutos. Rectificamos de sal. Echamos más caldo si preferimos un plato más caldoso. Añadimos la carne del centollo bien desmenuzada antes de servirlo.

Arroces melosos

Arroz al horno de bacalao, garbanzos y patatas

Ingredientes

—— 320 g de arroz bomba

—— 2 l de caldo hecho con las pieles del bacalao y el agua de los garbanzos

—— 500 g de bacalao salado

—— 200 g de garbanzos remojados (y el agua con que los hemos remojado)

—— 160 g de patatas

—— 2 dientes de ajo

—— 4 cucharadas soperas de aceite

—— sal

—— azafrán

1 Cocemos bien los garbanzos. Cuando el bacalao esté desalado y cortado en dados, lo escurrimos bien y, junto con los ajos y el aceite, lo sofreímos, procurando que no se deshaga.

2 Ponemos el arroz en una cazuela de barro y le añadimos el aceite, el bacalao y los ajos. Removemos bien y añadimos el caldo y, por último, la patata finamente cortada (ponerla por encima). Ajustamos la sal y lo introducimos en el horno precalentado a 200º C durante media hora.

Notas y curiosidades

A este arroz también se le puede añadir coliflor, brócoli o col kale y, si os gusta, al final, un alioli sin ligar. Este sería un arroz que nos encaja perfectamente con el tiempo de Cuaresma. Hay que vigilar con el punto de sal del bacalao, no sea que nos distorsione el arroz.

Arroces melosos

Arroz de la tierra menorquín

Ingredientes

—— 300 g de trigo roto

—— 2 l de caldo de pollo

—— 150 g de costilla de cerdo cortada en trozos

—— 4 salchichas de cerdo

—— 60 g de sobrasada

—— 60 g de *cuixot* (un tipo de butifarra catalana aromatizada con matalahúva)

—— 1 cebolla de Figueras cortada fina

—— 2 tomates maduros sin piel ni semillas

—— 1 pimiento verde

—— 2 patatas o moniatos (según la temporada)

—— 1 hoja de laurel

—— 1 cabeza de ajos entera

—— 1 vaso de vino blanco

—— 2 alcachofas

—— sal

—— pimienta

—— aceite de oliva

1 Ponemos a hervir agua con un poco de sal. Cuando empiece a hervir añadimos el trigo, lo dejamos durante 10 minutos y lo escurrimos.

2 En una cazuela de barro, con un buen chorrito de aceite de oliva bien caliente, salteamos las costillas de cerdo previamente salpimentadas, hasta que queden bien doradas, y las reservamos. En el mismo aceite salteamos también las salchichas, las doramos y las reservamos. También en este aceite hacemos un sofrito con la cebolla cortada a trocitos y cuando esté ligeramente dorada añadimos el pimiento verde, también a trocitos, la cabeza de ajos entera y la hoja de laurel.

3 Cuando el pimiento también coja color añadimos el tomate, dejamos que se sofría un par de minutos y añadimos el vaso de vino blanco. Dejamos que se evapore el alcohol 2 minutos y añadimos el caldo. Cuando empiece a hervir añadimos las alcachofas cortadas a cuartos y las patatas (o moniatos) en dados, y lo dejamos cocer 10 minutos. Añadimos el trigo escurrido y la sobrasada y el *cuixot* cortados en dados. Lo ponemos al horno a 200º C durante 25 minutos.

Notas y curiosidades

Esta es una de las recetas más antiguas documentadas de la cocina menorquina, pero también una de las más desconocidas. De hecho, solo he encontrado este plato en la carta de dos restaurantes en toda la isla, y bien es verdad que no sé si todavía lo ofrecen… ¡Una lástima! No tendríamos que perder este tipo de recetas. Y es obligación de los nuevos cocineros luchar para hacer cocina de km 0 y proximidad. Es una receta de arroz, pero en realidad su ingrediente básico es el trigo roto, un cereal parecido al bulgur o al cuscús. De hecho, antiguamente al trigo roto también se le denominaba arroz de moro. No olvidemos que la isla recibió varias incursiones del imperio turco. Se trata de un plato contundente y con un fuerte componente graso. La sobrasada y el *cuixot* aportan gran cantidad de grasa, y con el trigo se convierte en un plato muy completo. De hecho, se considera un plato de pobre y de épocas de hambre y miseria.

Caldereta de langosta

Ingredientes

—— 2 kg de langostas

—— 4 cebollas de Figueras

—— 1 pimiento verde

—— 4 dientes de ajo

—— 25 g de almendras

—— 25 g de avellanas

—— 1 guindilla o cayena

—— 4 tomates rallados

—— 1 copa de brandy

—— 2 rebanadas de pan duro

—— 2 l de agua (aproximadamente)

—— perejil picado

—— sal

—— pimienta negra

—— aceite de oliva

1 Cortamos las langostas según nos marcan los segmentos de la cola; las cabezas conviene cortarlas en cuatro partes, reservando la salsa (la pequeña bolsa de color marrón que se encuentra justo debajo del cerebro). Con un chorrito generoso de aceite bien caliente en la cazuela, salteamos las langostas, vuelta y vuelta. Las reservamos.

2 Cortamos la cebolla y desmenuzamos los ajos. Aprovechando el aceite de saltear la langosta procedemos a preparar un sofrito con la guindilla.

3 Cuando la cebolla esté bien dorada añadimos el pimiento verde.

4 Dejamos que se cueza el pimiento antes de echar el tomate. Dejamos que cueza unos minutos a fuego lento para que se concentre.

5 Cuando el sofrito esté bien concentrado, lo ponemos en el vaso del túrmix para triturarlo y después lo volvemos a incorporar a la cazuela, añadimos la langosta salteada y lo cubrimos de agua. Esperamos a que empiece a hervir para bajar el fuego al mínimo, intentando que se vaya cociendo despacio.

6 Mientras tanto preparamos una picada con los frutos secos, la salsa de las cabezas, un diente de ajo, el perejil picado y el brandy.

7 Pasados 10 minutos de cocción añadimos esta picada a la cazuela, lo salpimentamos ligeramente y dejamos que hierva 5 minutos más.

8 Antes de finalizar la caldereta se debe dejar reposar un mínimo de 4 a 5 horas, fuera de la nevera, a temperatura ambiente.

9 Pasado este tiempo, volvemos a calentarla con un fuego lo más suave posible (es muy importante que no vuelva a hervir), lo probamos y, ahora sí, lo sazonamos en su punto de sal y pimienta. Es muy importante no rectificar la sal hasta este momento, puesto que con el reposo se potencia mucho el sabor y si lo hacemos antes nos puede engañar.

10 Para servirlo, preparamos unas tostadas de pan duro, las ponemos en el fondo del plato y hacemos unas sopas.

Arroces melosos

Arroz de langosta del día después

Ingredientes

—— El caldo de la caldereta del día anterior.

—— Algún pedazo de langosta que nos haya sobrado.

1 Debemos calcular siempre un mínimo de medio litro de líquido por cada ración de arroz. En este caso, para cuatro personas, calculamos 320 g de arroz; necesitaremos, por lo tanto, dos litros de líquido. No hace falta colar ni rectificar de sal; en realidad no hace falta hacer nada.

2 Encendemos el fuego, esperamos que empiece a hervir y echamos el arroz. Lo dejamos unos 14 minutos hasta que se cueza y ya está listo para disfrutarlo.

3 Se trata de un arroz meloso, sin pedazos de pescado, pero si por casualidad ha sobrado algún trozo de langosta, lo desbriznaremos para echarlo por encima.

Notas y curiosidades

La primera caldereta me la comí en Menorca, elaborada por el padre de Manel Marquès. Bien temprano por la mañana, me llevó al muelle a elegir las piezas que cocinaríamos aquel día. Al día siguiente nos la comimos. Estos guisos al día siguiente todavía son más sabrosos. Por eso siempre que hacíamos caldereta de langosta en mi casa sobraba un montón de caldo para hacer un arroz al día siguiente.

En alguna zona de las Baleares lo acompañan de un alioli sin ligar por encima.

Arroz de San Esteban

Ingredientes

— las sobras del pavo de Navidad y de la escudella (incluyendo ciruelas, piñones, pelota, manitas de cerdo, morcillas blanca y negra, etc., y también las verduras del caldo)
— 2 l de caldo de Navidad
— 320 g de arroz bomba
— sal
— aceite de oliva

1 En primer lugar, eliminaremos los huesos del pavo que sobró, y también hacemos lo mismo con las manitas de cerdo, la ternera y todas las carnes que sobraron de la escudella.

2 Lo cortamos todo —pelota, capón, ternera, morcilla blanca y negra, manitas, verduras—, no picado, sino simplemente cortado, para que se note qué es cada cosa.

3 Lo ponemos en la cazuela y lo salteamos con un poco de aceite de oliva, junto con el arroz, para que quede todo bien asado.

4 Añadimos el caldo de Navidad y dejamos que cueza a fuego vivo 10 minutos.

5 Pasado este tiempo bajamos el fuego al mínimo, rectificamos de sal y lo dejamos cocer 5 minutos más.

6 Apagamos el fuego, lo dejamos reposar 2 minutos y ya lo tenemos listo.

Notas y curiosidades

Este es uno de aquellos arroces que nadie conoce y que resumen mucho el carácter catalán: el aprovechamiento de la escudella y la carne navideñas. Es un plato del interior de Cataluña. En este caso recomendamos arroz bomba porque se impregna bien de todos los sabores del caldo y de la carne. La ciruela, los piñones y la pelota lo convierten en sublime.

Arroz marinero a la cazuela

Ingredientes

—— 320 g de arroz bomba

—— 8 cigalas pequeñas

—— 4 langostinos

—— sepia

—— dátiles de mar (en Cataluña no se cultivan, pero en Valencia y en Alicante sí)

—— almejas

—— mejillones

—— aceite de oliva

—— sal y pimienta

Para el caldo (2,5 l)

—— cebollas

—— 1 cabeza de ajos

—— tomates maduros

—— pimentón

—— 750 g de cangrejos, galeras y pescados para hacer el caldo

1 Para el caldo, ponemos aceite de oliva en una cazuela y sofreímos la cebolla, los ajos, los tomates y los pescados. Cuando todo empiece a coger color, añadimos el pimentón y el agua. Lo dejamos hervir durante tres cuartos de hora y lo colamos.

2 Aparte, en una cazuela con aceite, sofreímos las cigalas, los langostinos y la sepia. Sacamos el marisco y lo reservamos. Incorporamos el caldo y el arroz y lo dejamos hervir 10 minutos. Después añadimos el marisco, los dátiles, las almejas y los mejillones, rectificamos de sal y dejamos que hierva unos minutos más. Apagamos el fuego y ponemos un trapo encima de la cazuela hasta el momento de servirlo. El arroz debe quedar un poco caldoso.

Arroces melosos

Notas y curiosidades

En este caso usaremos 2,5 l de caldo porque nos conviene que quede algo más caldoso.

Arroz meloso de rubio con canela

Ingredientes

— 320 g de arroz bomba

— 2 l de caldo

— 1 rubio de 1 kg, los filetes por un lado y la espina y la cabeza por el otro

— 200 g de galeras

— 100 g de cangrejo de mar

— ramita de canela

— cebollas grandes de Figueras

— 1 puerro

— 1 zanahoria

— ramita de apio

— tomates

— unas hebras de azafrán

— 1 cabeza de ajos

— picada de ajo y perejil

— sal

— aceite de oliva

Notas y curiosidades

Maravilloso arroz meloso. Debemos tener cuidado con la canela, para que su perfume sea sutil y adecuado.

1 En primer lugar haremos el caldo. En una olla pondremos a hervir la cabeza y la espina del rubio junto con el puerro, la zanahoria y el apio, y lo dejamos una hora en el fuego.

2 Mientras tanto, en una cazuela con un chorrito de aceite de oliva salteamos las galeras y los cangrejos cortados por la mitad, con la cabeza de ajos sin pelar y cortados también por la mitad.

3 Una vez salteado el conjunto, añadimos los tomates cortados en dados y dejamos que se sofrían 2 minutos. Después lo incorporamos todo al caldo y dejamos que hierva una hora más.

4 Mientras, en la cazuela donde haremos el arroz marcamos bien los cortes de rubio, uno por persona, los retiramos y los reservamos.

5 En el mismo aceite empezamos a dorar bien la cebolla, cortada a trozos pequeños, con un poco de aceite de oliva y la ramita de canela. Dejamos que se dore bien.

6 Cuando la cebolla está bien rubia, añadimos el arroz y lo nacaramos bien, junto con las hebras de azafrán. Añadimos el caldo y lo dejamos cocer a fuego vivo 10 minutos. Pasado este tiempo añadimos la picada, probamos y rectificamos de sal y añadimos los filetes de rubio.

7 Lo dejamos cocer 5 minutos más a fuego suave.

8 Apagamos el fuego, lo dejamos reposar 2 minutos y ya lo tenemos listo.

Arroz con boquerones

Ingredientes

—— 320 g de arroz bomba

—— 2 l de caldo

—— 20 boquerones sin cabeza y sin espinas

—— ½ pimiento rojo

—— 2 cebollas medianas

—— 3 tomates rallados

—— 50 g de guisantes

—— aceite de oliva virgen extra

—— pimienta negra en grano

—— ajos tiernos

—— sal

—— picada de avellanas y perejil

1 En una cazuela ponemos el aceite, el pimiento y los ajos tiernos troceados. Añadimos la cebolla y lo dejamos sofreír.

2 A continuación añadimos el tomate —cortado o rallado— y los guisantes. Cuando todo esté bien confitado ponemos el arroz y lo dejamos sofreír un poco.

3 Añadimos el caldo caliente y lo dejamos hervir 10 minutos. Añadimos los boquerones, previamente salados, y lo acabamos de cocer 5 minutos más.

4 Añadimos la picada por encima y ya estará listo para servir.

Notas y curiosidades

La picada puede ser solo de ajo y perejil, o podemos añadirle almendra tostada y unas hebras de azafrán. La temporada de boquerones empieza en la primavera y dura por lo menos todo el verano. Podéis comprar boquerones grandes para hacer la receta porque, de lo contrario, os quedarán muy troceados. A principios de verano, alrededor de San Juan, podéis cambiar los boquerones por sardinas.

Arroz con galeras y alcachofas

Ingredientes

—— 320 g de arroz bomba

—— 2 l de caldo de pescado

—— 12 galeras

—— 16 sepias pequeñas

—— 6 alcachofas

—— 70 g de cebolla tierna

—— 3 ajos tiernos

—— 1 pimiento rojo *escalivado*

—— picada de ajo y perejil

—— aceite de oliva virgen

—— sal

1 Freímos las galeras en una cazuela con aceite de oliva y las retiramos. Hacemos lo mismo con las sepias pequeñas bien limpias.

2 En la misma cazuela, ponemos la cebolla cortada bien fina, el pimiento rojo, las alcachofas y, finalmente, los ajos tiernos y la picada. Lo sofreímos todo.

3 Después añadimos nuevamente las sepias pequeñas, el arroz y el caldo de pescado. Cuando haya hervido 10 minutos, añadimos las galeras y dejamos que el arroz se termine de cocer 5 minutos más.

Notas y curiosidades

Es un arroz para comer en invierno, hacia el mes de febrero, cuando las alcachofas y las galeras están en su mejor momento. La galera es una gran desconocida que nos hace unos caldos excelentes. También son muy ricas para comer, ya sea la del arroz, hechas con cebolla y tomate o con ajos tiernos. Sin embargo, hay que vigilar con la cáscara, ¡que hace daño!

Foto del Restaurante Nicanor (Delta del Ebro).
Chef: Manel Escurriola

Arroz a la cazuela con anguila

Ingredientes

—— 320 g de arroz bomba

—— 2 l de caldo de pescado

—— 300 g de anguila cortada a rodajas

—— tomates maduros

—— 1 cebolla pequeña

—— un puñado de tirabeques o judías verdes

—— 1 ñora o pimiento de romesco

—— ajos

—— ramitas de perejil

—— aceite de oliva

—— pimentón dulce

—— sal

1 Limpiamos el pescado y lo cortamos en rodajas pequeñas (la anguila no debe ser demasiado grande).

2 Ponemos la cazuela de barro en el fuego y echamos el aceite y todas las verduras, bien picadas, salvo el tomate y los guisantes. Lo sofreímos bien y cuando esté listo añadimos el tomate triturado, sin piel ni semillas. Lo dejamos cocer un ratito y sabremos que está a punto cuando cambie de color.

3 Entonces echamos el arroz, removiendo un par a veces hasta que esté todo bien mezclado, y añadimos el caldo.

4 Cuando hierva añadimos una pizca de pimentón, los guisantes, la anguila y la sal. Lo dejamos más o menos jugoso, a gusto de cada cual.

Notas y curiosidades

La anguila es un pescado del Delta del Ebro maravilloso para hacer arroz, porque lo deja gelatinoso y sabroso. El único inconveniente es que tiene muchas espinas.

Arroz sucio mallorquín

Ingredientes

—— 320 g de arroz

—— 2 l de agua de botella

—— 2 costillas de cerdo

—— ½ pechuga de gallina

—— ¼ de conejo

—— ½ pechuga de pato

—— ½ pichón

—— 4 níscalos

—— 1 cebolla pequeña

—— 2 tomates de colgar

—— 100 g de *picornells* (seta)

—— 100 g de judías verdes

—— 1 alcachofa

—— 50 g de alubias

—— aceite de oliva

—— sal y pimienta de buena calidad

1 En una cazuela grande sofreímos toda la carne cortada en trozos pequeños. Cuando esté dorada, la sacamos y la reservamos.

2 En la misma cazuela hacemos un sofrito con la cebolla y el tomate pelado cortado a trocitos pequeños. Cuando el sofrito esté hecho, añadimos toda la carne que teníamos reservada, la salpimentamos y lo mezclamos todo. A continuación ponemos el agua: por cada taza de arroz, echamos 6 tazas de agua, hasta que toda la carne quede bien cubierta.

3 Cuando lleve media hora hirviendo, añadimos toda la verdura limpia y troceada. La verdura se puede poner cruda o sofrita, aunque sofrita queda más sabrosa. Lo dejamos hervir media hora más y comprobamos que la carne esté bien hecha. Si no está suficientemente cocida, la dejamos más tiempo; dependiendo de la carne, incluso media hora más.

4 En una sartén aparte, con poco aceite, sofreímos los níscalos y los *picornells*.

5 Cuando la carne esté hecha y las setas sofritas, añadimos las setas al arroz de la cazuela del cocido. Lo dejamos hervir todo unos 15 minutos. Después de este tiempo el arroz ya estará preparado para servirlo.

Arroces melosos

Arroz de las fontadas de Gràcia
(comidas campestres)

Arroces melosos

Ingredientes

—— 360 g de arroz de Pals

—— 800 ml de agua hirviendo

—— 200 g de muslo de pollo de payés troceado

—— 200 g de salchicha de cerdo

—— 200 g de conejo

—— 200 g de costilla de cerdo troceada

—— 1 sepia con las melsas

—— 4 langostinos o cigalas

—— un puñado de setas frescas de temporada

—— 1 cebolla de Figueras

—— 3 dientes de ajo

—— ½ pimiento rojo

—— 1 ñora (su pulpa)

—— 2 tomates rallados

—— aceite de oliva

—— sal y pimienta negra

1 En primer lugar es necesario disponer de una cazuela de barro o de hierro fundido y de un buen fuego de leña (no demasiado seca), puesto que la receta "genuina" así lo indica.

2 Freímos las carnes (previamente salpimentadas) a fuego vivo con un chorrito de aceite. Es importante que lo hagamos respetando las cantidades y en orden de la más a la menos grasa. Si no lo hacemos de este modo hay carnes que nos quedarán duras y otras que se desharán durante la cocción con el agua y el arroz. Durante este proceso tenemos que ir retirando el exceso de grasa que sueltan la costilla de cerdo y la piel del pollo. También es importante que todas las carnes queden bien doradas para potenciar su gusto.

3 Cuando empezamos a tener listo este "asado de carnes" añadimos el ajo picado, la cebolla cortada en trozos pequeños y el pimiento. Dejamos que este sofrito avance uniformemente, removiendo el conjunto. Cuando las verduras empiecen a caramelizarse, añadimos el tomate rallado y la pulpa de ñora. Y será el momento de la sepia: la cortamos en dados y la incorporamos a la cazuela junto con sus melsas, dejamos que desprenda su agua y que se concentre con el sofrito. (Antiguamente en este momento ya se incorporaba el agua, el arroz y todos los complementos deseados de cocción corta. Este paso lo podemos tener avanzado si lo preparamos unos días antes y lo conservamos debidamente en la nevera o en el congelador.) Una vez que la sepia ha desprendido su agua ya podemos incorporar el agua hirviendo y dejar que se vaya haciendo unos 10 minutos. Esto nos aportará más sabor al agua, como si se tratara de un caldo.

4 Incorporamos el arroz, las setas, los langostinos... y las verduras de cocción corta que queramos según la temporada. Dejamos cocer el arroz 16 minutos.

5 Retiramos la cazuela del fuego y la tapamos con hojas de col hasta que todo el mundo esté en la mesa.

Notas y curiosidades

Un poco de historia de estas comidas campestres llamadas fontadas: se trata de una tradición que se remonta a siglos atrás, cuando la devoción popular convirtió las ermitas de montaña en lugar de peregrinaje en los días festivos. Estas excursiones solían acabar alrededor de alguna de las fuentes (en Montjuïc, por ejemplo, la más conocida es la *Font del Gat*, o en el caso de Gràcia las que se situaban junto a los torrentes; de aquí los nombres de los torrentes *de les Flors, de l'Olla* o *d'en Vidalet*) y se aprovechaba para comer y pasar el día, motivo por el cual pronto se convirtieron en comedores al aire libre. Las fuentes se fueron complementando con pequeñas explotaciones comerciales en las que se vendía agua con azúcar, jarabes, horchatas, anises y azucarillos. Con el tiempo, estas explotaciones se convirtieron en famosos merenderos. El público de estas fontadas era popular. Cabe recordar que, desde la segunda mitad del siglo XIX hasta bien entrado el siglo XX, los barceloneses trabajaban jornadas inacabables, que incluían los fines de semana. Entonces no existían medios de transporte que facilitaran el ir y volver del campo en un solo día. La gente no tenía transporte privado y las familias aprovechaban los días de fiesta para disfrutar del sol en las afueras de una ciudad amurallada desde el siglo XIII.

Arroces caldosos

Todas estas recetas se elaboran
en una cazuela

Arroz de barca

Ingredientes

—— 320 g de arroz bomba

—— 3 l de caldo de pescado

—— ½ vaso de agua de mar embotellada

—— 1 sepia limpia de 500 g

—— ½ kg aproximadamente de colas de rape

—— un puñado de mejillones

—— un puñado de berberechos

—— 4 gambas frescas

—— 4 almejas

—— 1 cebolla mediana

—— 1 pimiento verde italiano

—— 4 cucharadas de tomate triturado

—— ajo y perejil (picada)

—— aceite de oliva

Notas y curiosidades

Se trata de un arroz cocinado en una cazuela cóncava de hierro fundido. Estas cazuelas se hacían en Vilanova y la Geltrú. Actualmente podemos encontrar muchas marcas que fabrican cazuelas similares y más modernas. Este arroz se considera arroz caldoso, de cuchara, que recoge todos los matices marinos. Se denomina así porque lleva todo lo que las barcas pescaban en el mar, justo delante de casa. Antiguamente, en Tarragona, en las *baqueres* (barcas de pesca) se hacían arroces humildes con el pescado que no tenía salida comercial. Mantenemos esta filosofía.

En definitiva, es uno de los arroces más sabrosos que existen. Un gran estofado de mar donde el arroz se impregna de la dulzura de la sepia y de la salazón del pescado y el marisco. Si no le ponemos agua de mar, nos quedará igual de bueno, no hace falta que nos preocupemos.

1 Primero hacemos un sofrito con la sepia limpia y cortada en dados no demasiado pequeños. La ponemos en una cazuela con aceite de oliva y la doramos, hasta que coja un color tostado. La sacamos y añadimos la cebolla cortada en dados pequeños, para así recuperar toda la esencia de la sepia. Le añadimos un pellizco de sal y la tapamos para que se cueza a fuego lento 5 minutos.

2 Destapamos la cazuela y dejamos que se tueste, que pierda su propia agua. Añadimos el pimiento verde cortado igual que la cebolla y, cuando esté bien hecho, añadimos otra vez la sepia y el tomate triturado. Dejamos que se vaya haciendo a fuego lento hasta que quede un sofrito espeso, concentrado.

3 Cuando el sofrito esté hecho, en la cazuela donde coceremos el arroz, lo echamos junto con el arroz. Con el fuego vivo, removemos los ingredientes, mezclándolos bien, y añadimos el caldo. Si se remoja una parte con agua de mar embotellada no hace falta añadir sal adicional y se consigue un arroz auténtico y a la vez original.

4 Cuando empiece a hervir, añadimos el rape sin la espina cortado en dados, los mejillones, los berberechos, las almejas y las gambas. Cuando los granos de arroz estén cocidos (unos 15 minutos después) añadimos una cucharada de picada (ajo y perejil triturado y ligado con un poco de aceite de oliva), lo dejamos en reposo un par de minutos más y ya está listo.

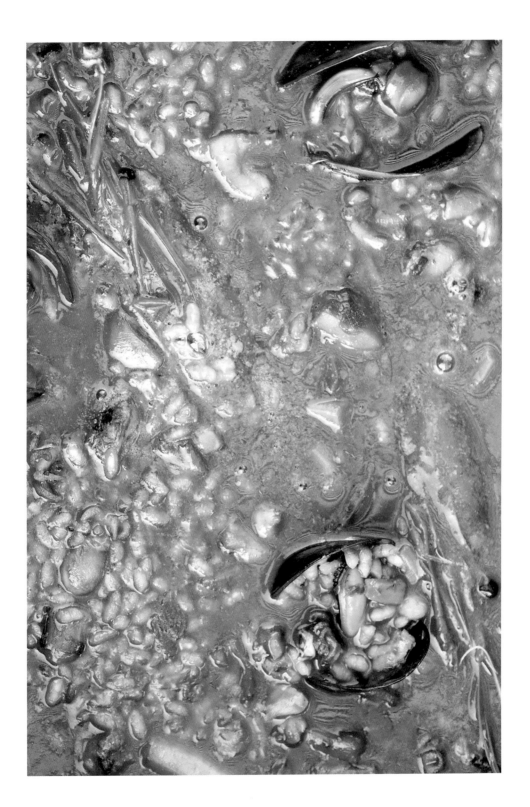

Arrosos caldosos

Arroz caldoso de bogavante, pato y setas

Ingredientes

—— 320 g de arroz bomba

—— 3 l de caldo de pescado y marisco

—— 1 kg de bogavante troceado

—— 200 g de setas —pueden ser congeladas— cortadas en dados o 50 g de setas secas

—— 250 g de confitado de pato deshuesado y desmenuzado

—— 1 cucharada de picada de ajo y perejil

—— aceite de oliva

—— sal

1 En una cazuela de hierro fundido con un buen chorrito de aceite de oliva salteamos el bogavante hasta que esté bien dorado. En este punto añadimos las setas y también las doramos. Cuando estén doradas añadimos el pato desmenuzado, y dejamos que se dore ligeramente.

2 Incorporamos el arroz y lo nacaramos, añadimos todo el caldo y lo dejamos hervir a fuego vivo. Durante 10 minutos removemos de vez en cuando para que no se enganche.

3 Añadimos la cucharada de picada, probamos y rectificamos de sal. Dejamos cocer 5 minutos más y apagamos el fuego.

Notas y curiosidades

Un arroz semicaldoso de mar y montaña. El otoño sería el mejor momento para comerlo.
Es una estación en que el cuerpo nos pide arroces caloríficos y potentes. Se trata de un arroz elegante y el pato, si está bien tratado, lo hace también más suave. El mejor pato que podéis poner es el mudo. Los *ceps*, o boletos, en esta época pueden ser frescos y, si lo preferís, también secos e hidratados. Si no os gusta el bogavante lo podéis substituir por langosta, gambas, cigalas o cualquier otro marisco.

Arrossos caldosos

Arrosos caldosos

Grandes chefs y sus arroces

Arroz seco con cohombros de mar
— Nandu Jubany —

Ingredientes para 6 personas

Para el caldo

—— 2 kg de cigalas pequeñas (*morrals*)
—— 1 kg de pescado de roca
—— 50 g de ajo
—— 300 g de cebolla
—— 650 g de tomate maduro
—— 100 g de puerro
—— 50 g de apio
—— 3 o 4 ramitas de perejil
—— 1 ramita de hinojo seco
—— 6 l de agua
—— 30 g de concentrado de tomate
—— aceite de oliva de 0,4º de acidez

Para la picada

—— 1 diente de ajo
—— 8 hojas de perejil
—— 1 tostada de pan frito
—— 20 hebras de azafrán
—— 1 ñora

Para el arroz

—— 100 g de arroz carnaroli o bomba
—— 100 g de cohombros de mar
—— 1 cucharada sopera de cebolla negra
—— 1 cucharada sopera de picada

Can Jubany
www.canjubany.com

Elaboración del caldo

1 En una cazuela grande ponemos aceite de oliva, lo calentamos y añadimos los ajos. Los doramos y, a continuación, añadimos el resto de verduras. Lo dejamos 3 minutos con fuego fuerte.

2 Añadimos el tomate y las cigalas. Lo mezclamos todo durante unos minutos, y después le añadimos el agua fría y el concentrado de tomate. Dejamos que empiece a hervir y después lo espumamos. Dejamos que hierva 25 minutos más y lo espumamos de vez en cuando. Finalmente lo pasamos por el colador chino y lo rectificamos de sal.

Elaboración del arroz seco

1 En una paella valenciana plana y grande ponemos un chorrito de aceite y lo calentamos. Añadimos los cohombros de mar abiertos, la cebolla negra y, finalmente, la picada. Lo sofreímos y añadimos el arroz. Lo dejamos dorar un poco y lo remojamos con el caldo que tendremos hirviendo. Lo dejamos cocer 5 minutos a fuego vivo, 5 minutos a fuego lento y 5 en el horno.

2 Una vez hecho, lo sacamos del horno, lo dejamos reposar 2 minutos y lo servimos en el centro de la mesa, para comerlo directamente de la paella (a la valenciana).

Nota y curiosidades

Es importante que este arroz quede un poco crudo, o que esté hecho en una paella de poca altura para que quede crujiente.

Arroz negro del Ampurdán (sin tinta)
— Pere Bahí —

Ingredientes para 4 personas

—— 4 cigalas

—— 4 gambas

—— 200 g de sepia o calamar (o mitad y mitad)

—— 200 g de cangrejos

—— 8 almejas

—— 12 mejillones

—— 200 g de costilla de cerdo

—— 8 salchichas

—— 2 dientes de ajo

—— 1 cebolla grande picada fina

—— 1 tomate pequeño pelado y rallado

—— 400 g de arroz

—— 2 l de caldo de pescado

—— 1 vaso de vino blanco

—— aceite

—— sal y pimienta

1 En una cazuela con aceite, sofreímos las cigalas y las gambas y las reservamos. A continuación, ponemos los cangrejos a cocer, les damos unas vueltas y los retiramos. Después sofreímos la costilla de cerdo y las salchichas, y también las reservamos. Seguimos friendo la sepia y el calamar y los guardamos aparte.

2 En el mismo aceite, ponemos la cebolla y el ajo y los doramos lentamente. Cuando la cebolla está completamente negra, añadimos el tomate y lo dejamos cocer durante 3 minutos. Incorporamos las cigalas, las gambas, los cangrejos, la costilla de cerdo, las salchichas, la sepia, el calamar, los mejillones y las almejas. Lo remojamos con el vino y lo dejamos cocer 5 minutos. Añadimos el arroz, lo pasamos y agregamos el caldo. Rectificamos de sal y pimienta y lo dejamos hervir 15 minutos. Ha de quedar un arroz caldoso.

Grandes chefs y sus arroces

La Xicra de Pals
www.restaurantlaxicra.com

Arroz de bacalao asado, setas y verduras en conserva

— Sergi de Meià —

Ingredientes para 4 personas

—— 320 g de arroz del estanque de Pals

—— 200 g de morro de bacalao

—— cebolla grande picada

—— dientes de ajo picados

—— 1 pimiento verde italiano picado, sin semillas ni nervios

—— 4 tomates maduros rallados

—— 1 cucharada de pimentón dulce

—— sal

—— pimienta

—— aceite de oliva virgen extra

—— 60 g de judías tiernas en conserva

—— 60 g de coliflor en conserva

—— 60 g de tupinambo en conserva

—— 60 g de zanahoria en conserva

—— ajo y aceite

—— perejil

—— 1 ramita de tomillo

—— 700 ml de caldo de pollo

Notas y curiosidades

Es un arroz casero que las abuelas hacían tradicionalmente, sobre todo cuando hacer conservas de verduras era algo común. Antiguamente se aprovechaba el mes de septiembre para hacer las conservas para el invierno, el bacalao se asaba en las brasas y se pelaba… Ahora tan solo lo hacemos los más cocinillas y alguna abuela… Sin embargo, este arroz aún es muy representativo de Vilanova de Meià, en la comarca catalana de la Noguera.

1 Asamos el bacalao en las brasas. Cuando esté bien asado, lo pelamos y lo desmenuzamos.

2 En una cazuela, hacemos un buen sofrito con el aceite, la cebolla y el ajo en primera instancia, durante una media hora a fuego lento. Seguidamente, añadimos el pimiento y dejamos que reduzca hasta que quede como una mermelada.

3 Añadimos el tomate y lo dejamos reducir, hasta que quede caramelizado. Apagamos el fuego y añadimos el pimentón dulce.

4 Mezclamos el arroz con el sofrito y lo remojamos con el caldo de pollo. Añadimos el bacalao desmenuzado y lo cocemos durante 17 minutos a fuego lento. Si nos hace falta algo más de caldo, lo vamos añadiendo.

5 A media cocción, incorporamos las verduras, la sal y la pimienta y, sacudiendo levemente la cazuela, hacemos que se mezcle todo bien.

6 Cuando esté cocido, añadimos el perejil picado y lo dejamos reposar 2 minutos.

7 Añadimos un chorrito de aceite de oliva y lo servimos con el alioli aparte, para que cada uno se ponga la cantidad que quiera.

Restaurante Sergi de Meià
www.restaurantsergidemeia.com

Arroz de bacalao a la muselina de ajo

— Jaume Subirós —

Ingredientes para 4 personas

—— 320 g de arroz bomba

—— 1 cebolla

—— 700 cl de agua o caldo de carne

—— 300 g de acelgas

—— 200 g de bacalao desalado

—— 50 cl de aceite de oliva

Para la muselina de ajo

—— 2 cabezas de ajo

—— 4 yemas de huevo

—— 100 cl de aceite de oliva

—— 1 chorrito de vinagre de jerez

1 Cortamos la cebolla en juliana y, en la cazuela, la emblanquecemos con el aceite de oliva sin que se dore.

2 Añadimos el arroz y removemos. Añadimos el agua o el caldo y las acelgas, previamente escaldadas y sin tronco.

3 Ponemos sal y horneamos 20 minutos a 200° C. Cocemos el bacalao en la parrilla.

Elaboración de la muselina de ajo

1 Asamos los ajos al horno a 180° C, los pelamos y los guardamos. Montamos las yemas y el vinagre con un túrmix, añadiendo el aceite despacio y, por último, añadimos los ajos.

2 Servimos el arroz en un molde circular de 10 cm en el centro del plato. Por encima ponemos las láminas de bacalao y la muselina de ajo, y lo gratinamos.

Grandes chefs y sus arroces

Hotel Empordà
www.hotelemporda.com

Arroz de pichón

— Carles Gaig —

Ingredientes para 4 personas

Para el caldo de pichón

—— 6 carcasas de pichón

—— 1 cebolla

—— 1 pimiento italiano

—— 1 cabeza de ajos

—— 4 tomates

—— 1 copa de vino añejo

—— agua (unos 3 l)

Para el arroz

—— 90 g de arroz por persona

—— 60 g de setas

—— 2 piezas de pichón

—— 4 dientes de ajo laminado

—— 2 cucharadas soperas de pimiento italiano cortado en bresa

—— 50 ml de vino añejo

—— 1,5 l de caldo de pichón

Elaboración del caldo

1 En una cazuela con aceite caliente, doramos las carcasas de los pichones. Cuando tengan el color deseado, añadimos las verduras para dorarlas también en el orden siguiente: cebolla, ajos, pimientos y, cuando adquieran color, añadimos los tomates.

2 Cuando el tomate empiece a evaporarse, echamos la copa de vino añejo para desglasear. Al evaporarse el alcohol del vino, añadimos agua hasta cubrir todo el guiso.

3 Lo dejamos hervir durante 1 hora y, de vez en cuando, lo vamos desengrasando. Lo colamos con un colador chino fino y reservamos el caldo.

Elaboración del arroz

1 En una cazuela, doramos la pechuga y el muslo del pichón. Añadimos las setas, el pimiento y el ajo y los doramos también. Retiramos el exceso de grasa y lo desglaseamos con el vino añejo hasta que se evapore el alcohol.

2 Retiramos la pechuga de la cazuela (solo la pechuga, para que no quede demasiado hecha y se reseque) y la reservamos.

3 Añadimos el caldo hasta que hierva, incorporamos el arroz y lo salamos. Lo dejamos cocer unos 15 minutos. Rectificamos el punto de sal.

4 Incorporamos la pechuga a la cazuela y lo terminamos de cocer al horno durante 3 minutos a 180/200° C.

Restaurante Gaig
www.restaurantgaig.com

Grandes chefs y sus arroces

Cazuela de arroz a la sitgetana

— Valentí Mongay —

Ingredientes para 4 personas

—— 2 sepias

—— 4 salchichas de cerdo

—— 350 g de costilla de cerdo cortada en trocitos

—— 100 g de pimiento rojo picado

—— 100 g de pimiento verde picado

—— 150 g de cebolla picada

—— 250 g de tomates de colgar rallados

—— 4 dientes de ajo

—— 4 gambas

—— 4 cigalas

—— 12 almejas (o, si las encontráis, 100 g de coquinas)

—— 12 mejillones

—— aceite de oliva virgen extra

—— 240 g de arroz bomba

—— caldo de pescado

Para la picada

—— unas hebras de azafrán

—— 3 dientes de ajo

—— unas ramitas de perejil

—— un puñado de almendras tostadas

—— agua

1 Con el aceite bien caliente, empezamos a sofreír las cigalas y las gambas en la cazuela. Las sacamos y las reservamos en un plato.

2 Vamos dorando las costillas y la sepia cortada en dados. Algo más tarde ponemos también las salchichas.

3 Añadimos los ajos bien picados y rápidamente ponemos también la cebolla. Cuando esté caramelizada ponemos los pimientos. Cuando estos estén cocidos, incorporamos el tomate y dejamos que se vaya cociendo y concentrando.

4 Tiramos el arroz y lo mezclamos con todo el sofrito, removiéndolo.

5 Calentamos el caldo y cuando esté hirviendo lo pasamos a la cazuela.

6 Hacemos la picada triturando todos los ingredientes, y la añadimos al arroz cuando lleve unos 7 minutos de cocción. Después de un rato ya podemos incorporar el resto de ingredientes hasta que el arroz esté bien cocido.

7 Es necesario que el arroz se vaya haciendo, pero que no hierva con el fuego fuerte.

Restaurante La Salseta
www.lasalseta.com

Arroz de tordos (Cerdaña)

— Isidre Soler —

Ingredientes para 2 personas

—— 160 g de arroz

—— 350 cl de caldo de pollo
(si disponemos de caldo de pichón,
mejor)

—— 8 tordos (4 por cabeza)

—— una ramita de tomillo

—— ½ cebolla de Figueras

—— 1 diente de ajo

—— 1 tomate rallado

—— 50 g de colmenilla fresca y 50 g de
carbonera (podemos sustituir estas
setas por otras de temporada)

—— espárragos (si puede ser, silvestres)

—— ½ vaso de vino blanco

1 Es un arroz de caza excepcional por el gusto intenso de los tordos, y representa una solución perfecta para hacer una buena comida, puesto que el arroz compensa un poco el tamaño del ave a la hora de complementar el plato.

2 Primero hacemos un buen sofrito con cebolla y un diente de ajo sin pelar. Añadimos el tomate rallado, las patas de los tordos y, más tarde, el arroz. Esperamos que se dore todo. A continuación añadimos medio vaso de vino blanco, dejamos que reduzca y añadimos el caldo para hacer el arroz. Probamos de sal y pimienta y le damos un toque de tomillo.

3 Lo dejamos cocer 15 minutos y añadimos las pechugas de los tordos, las setas y los espárragos. Terminamos horneándolo 4 minutos a 50° C.

Grandes chefs y sus arroces

Restaurante Tram-Tram
www.tram-tram.com

Arroz con caviar y tortilla de perejil y escarola

— Carme Ruscalleda —

Ingredientes para 4 personas

—— 400 g de arroz bomba

—— 200 g de chalotes picados finos

—— 50 g de tomate rallado (sin las semillas)

—— 50 g de vermut blanco seco

—— 1,4 l de agua mineral

Para la tortilla

—— 3 huevos

—— 50 g de escarola picada fina

—— 20 hojas de perejil picado

—— 50 g de caviar, preferentemente de esturión

—— aceite de oliva virgen extra

—— sal y pimienta

1 En una cazuela semihonda de unos 25 cm de diámetro, con un hilillo de aceite, sofreímos los chalotes hasta que queden bien cocidos y ligeramente dorados (unos 25 minutos).

2 Añadimos el tomate rallado, junto con el vermut, lo salpimentamos y continuamos el sofriéndolo durante 10 minutos más.

3 Echamos en la cazuela el agua mineral caliente, esperamos que empiece a hervir y añadimos el arroz y un puntito de sal. Lo dejamos cocer a fuego mediano durante 10 minutos.

4 Mientras preparamos la tortilla. En una sartén de unos 20 cm de diámetro con un hilillo de aceite, salteamos la escarola picada junto con el perejil, solo 1 minuto. Batimos los huevos con una pizca de sal, los echamos en la paella y, con delicadeza, hacemos una tortilla, en su punto, cremosa, que no quede seca. La reservamos.

5 Pasados los 10 minutos de cocción del arroz, afinamos el punto de sal y lo dejamos en el fuego 3 minutos más.

6 Apartamos la cazuela del fuego y ponemos, por encima, la tortilla cortada en dados. Procuramos hundir un poquito estos dados, tapamos la cazuela y la dejamos reposar solo 1 minuto. Repartimos el caviar por encima de los trocitos de tortilla y presentamos así la cazuela.

Restaurante Sant Pau
www.ruscalleda.cat

Grandes chefs y sus arroces

Arroz de anguila
— Jaime Huerta —

Ingredientes para 7 personas

—— 450 g de puntas de chipirón

—— 300 g de anguila fresca de la desembocadura del río Ebro

—— 2 ajos tiernos

—— ½ ñora seca

—— aceite de oliva

—— sal

—— 700 g de arroz marisma de El Molí d'en Rafelet

—— 1,7 l de caldo de pescado

Para la picada

—— ½ cebolla

—— ½ pimiento rojo

—— ½ tomate

—— 1 diente de ajo

—— 2 ramitas de perejil

1 Sofreímos en aceite de oliva la anguila troceada y los chipirones, los retiramos y los reservamos.

2 En la cazuela, sofreímos dos ajos tiernos cortados en juliana y la ñora, previamente hidratada.

3 Añadimos la picada y el arroz.

4 Lo rehogamos durante 3 minutos y añadimos caldo de pescado. Dejamos que hierva durante 10 minutos y añadimos los chipirones, la anguila y dejamos que se termine de cocer el arroz. Lo retiramos del fuego y lo dejamos reposar como mínimo 2 minutos.

5 Y ya lo tenemos a punto para servir. El arroz debe quedar un poco meloso.

Delta Hotel
www.delta-hotel.net

Arroz de ternasco
— Mariano Gonzalbo —

Ingredientes para 4 personas

Para el sofrito

—— 40 ml de aceite de oliva virgen extra

—— 100 g de corazones de ternasco en daditos

—— 2 riñones de ternasco en daditos

—— 100 g de pulmones de ternasco en daditos

—— 150 g de cebolla picada fina

—— 1 ajo picado fino

—— 100 g tomate tamizado

—— sal y pimienta

Para la picada

—— Ingredientes

—— 1 cucharada sopera de perejil picado

—— 6 avellanas

—— 1 ajo pequeñito picado

—— 50 g hígado de ternasco asado a la plancha

—— 100 ml de agua

—— 20 ml de aceite de oliva virgen extra

Para el arroz

—— 300 g de arroz bomba

—— 900 ml de caldo ligero de ternasco

—— 200 g de seta de primavera fresca o 20 g de seca

Elaboración del sofrito

1 Calentamos el aceite en una cazuela y salteamos las carnes a fuego vivo durante unos minutos para dorarlas ligeramente.

2 Añadimos la cebolla, bajamos el fuego y la doramos muy lentamente. Incorporamos el ajo, lo rehogamos y añadimos el tomate.

3 Lo cocemos hasta evaporar toda la humedad y que se vuelva a caramelizar todo. Lo salpimentamos y reservamos.

Elaboración de la picada

1 Ponemos todos los ingredientes en un vaso y los trituramos. Reservamos la picada.

Elaboración del arroz

1 Ponemos a hervir el caldo con el sofrito durante 5 minutos, añadimos el arroz y lo cocemos a fuego medio 10 minutos.

2 Bajamos el fuego y añadimos la picada y las setas.

3 Lo cocemos 2 minutos, rectificamos de sal, apagamos el fuego y lo dejamos reposar unos minutos. Ha de quedar poco caldoso.

Grandes chefs y sus arroces

Lo Paller del Coc
www.lopallerdelcoc.com

Arroz con sardinas
— David Solé —

Ingredientes para 4 personas

Para empezar

—— aceite de oliva virgen extra DOP Siurana

—— ½ cebolla mediana

—— 1 sepia pequeña, de unos 250 g

—— ¼ de pimiento rojo

—— 1 pimiento verde

Para el sofrito

—— 2 tomates maduros sin piel ni semillas

—— las hojas de una ramita de perejil

—— 2 ajos

Para el arroz y el caldo

—— 400 g de arroz del Delta del Ebro

—— 1,2 l de caldo de crustáceos o agua

Para la picada

—— una hebra de azafrán tostado

—— 3 avellanas tostadas

—— 1 ajo pequeño

—— 4 hojas de perejil

Para terminar

—— sal

—— 16 sardinas Q sin las cabezas, las entrañas y las escamas, abiertas y sin la espina central

—— un puñadito de guisantes frescos

Observaciones

La sardina de Tarragona, con el distintivo Q de calidad, es una de las especies de nuestro litoral que disfruta de más fama. La gran calidad de este producto va ligada a tres importantes factores: en primer lugar, a la temperatura ideal del agua del mar donde vive; en segundo lugar, a la excelencia del plancton con el que se alimenta, y, en tercero, al tratamiento exclusivo que dan a la pesca cuando llega al puerto.

En este plato los dos ingredientes —pescado y cereal— se fusionan para obtener una típica preparación de la costa de Tarragona, logrando que tierra y mar se conjuren para enaltecer esta elaboración que ya hacían los abuelos de nuestros abuelos.

El Barquet de Tarragona
www.restaurantbarquet.com

1 En una cazuela adecuada para poder hacer un arroz para cuatro personas ponemos, primero, un buen chorrito de aceite de oliva, después la cebolla y los pimientos picados y la sepia limpia y cortada en trocitos no demasiado grandes. Lo vamos removiendo hasta que todo se dore.

2 Mientras se va cociendo, trituramos todos los ingredientes del sofrito con un túrmix y los añadimos a la cazuela. Damos a la cazuela un par de meneos y dejamos que el contenido se amalgame bien.

3 A continuación añadimos el arroz, lo mezclamos con el sofrito y incorporamos el caldo o el agua, mejor calientes.

4 Cuando falten unos 5 minutos para terminar la cocción, añadimos la picada, bien fina, a la cazuela, y después rectificamos de sal.

5 Cuando vemos que falta poco para que el arroz esté hecho, añadimos las sardinas limpias con la piel hacia arriba y los guisantes crudos. Zarandeamos la cazuela para hacer que todo se acomode bien y la dejamos a fuego suave hasta que el arroz esté en su punto.

Grandes chefs y sus arroces

Notas y curiosidades

Este arroz también se suele preparar con boquerones de buena medida e incluso con *gallimons* (pez pequeño que es la cría de la caballa).

El caldo de crustáceos se hace con cangrejos o galeras, pero si queremos hacer la receta más original podemos sustituir el caldo por agua, e incluso en este agua podemos infusionar las espinas de las sardinas que se utilizarán.

Se puede sustituir la sepia por el calamar; cualquiera de los dos ayudará mucho en el gusto final.

Es importante que los granos del arroz queden enteros, siempre estamos a tiempo de que se cueza más dejando que repose la cazuela durante unos instantes. Por eso es importante no poner todo el caldo o el agua de una vez.

En función del gusto del cocinero o de los comensales se puede dejar más o menos caldoso.

Tratos son tratos

El Delta (Perico Pastor)

Agradecimientos

Este libro lo querría dedicar a mucha gente que ha pasado por mi vida, pero especialmente a mi abuela Lola. No sabía gran cosa de cocina, sin embargo ella fue la que me enseñó a ser honrado, trabajador, orgulloso y tantas cosas más. La pude disfrutar muchos años, muchos veranos. Sus conversaciones, consejos y sentido del humor han sido pilares para mí. Su amor fue amplio, profundo y limpio. Siempre y en cualquier momento: nunca te olvidaré.

Y también a toda la gente con la cual he compartido horas de trabajo, mesas, huertos, experiencias gastronómicas, mercados y lonjas.

Y a todos los clientes que me han enseñado tanto, y en especial a mi equipo y a mis colaboradores, de los cuales me siento orgulloso. Sin esta gran familia sería imposible haber llegado hasta aquí. Y a la ciudad, a Barcelona, por su riqueza cultural, su cosmopolitismo y su gran diversidad gastronómica.

El arroz de Alejandro Magno

Para 4 personas

—— 320 g de arroz

—— 500 g de *capipota* hervido

—— 2 cebollas de Figueras

—— 250 g de confitado de pato
deshuesado y desmenuzado

—— 2,5 l de caldo de pollo

—— 100 g de guisantes de Llavaneres

—— ½ apirrábano (*céléri*)

—— 1 ramita de canela

—— 100 ml de leche de coco

—— comino en polvo

—— 1 cucharada de picada de ajo
y perejil

—— aceite de oliva

—— sal

1 En una cazuela de hierro fundido con un buen chorrito de aceite de oliva, ponemos a estofar la cebolla de Figueras cortada en trozos pequeños, junto con la rama de canela, hasta que esté bien dorada. En este punto añadimos el apirrábano cortado en dados más bien pequeños y también lo doramos.

2 Cuando esté dorado añadimos el *capipota* y el pato desmenuzado, y dejamos que se dore ligeramente. Añadimos todo el caldo y lo dejamos hervir durante 10 minutos.

3 Pasado este tiempo, echamos el arroz y lo dejamos cocer a fuego vivo 10 minutos más. Añadimos los guisantes y bajamos el fuego. Lo dejamos cocer 5 minutos, añadimos la leche de coco y removemos como si fuera un risotto.

4 Añadimos la cucharada de picada, probamos y rectificamos de sal. Lo dejamos cocer 2 minutos más y apagamos el fuego.

Observaciones

El tradicional *capipota* catalán es un guisado de las partes grasas de la cabeza y las patas del buey, la ternera o el cerdo.